Birgit Lutzer

Bringen Sie es auf den Punkt

Treffend formulieren in Wort und Schrift

Junfermann-Verlag • Paderborn
2010

Covergestaltung/Reihenentwurf: Christian Tschepp

Satz: JUNFERMANN Druck & Service, Paderborn

Bibliografische Information der Deutschen Bibliothek
Die Deutsche Bibliothek verzeichnet diese Publikation in der Deutschen Nationalbibliografie; detaillierte bibliografische Daten sind im Internet über http://dnb.ddb.de abrufbar.

ISBN 978-3-87387-765-8

Birgit Lutzer

Bringen Sie es auf den Punkt

Treffend formulieren in Wort und Schrift

Reihe

Soft Skills kompakt

Herausgegeben von Stéphane Etrillard

Band 12

Band 1 – Stéphane Etrillard: *Erfolgreiche Rhetorik für gute Gespräche*
Band 2 – Sabine Mühlisch: *Fragen der KörperSprache*
Band 3 – Reinhold Vogt: *Gedächtnis-Training in Frage & Antwort*
Band 4 – René Borbonus: *Die Kunst der Präsentation*
Band 5 – Ute Simon-Adorf: *Was Sie schon immer über Coaching wissen wollten ...*
Band 6 – Arno Fischbacher: *Geheimer Verführer Stimme*
Band 7 – Ute Simon-Adorf: *Mentaltraining in Frage & Antwort*
Band 8 – Stephan Ulrich: *Menschen grafisch visualisieren*
Band 9 – Jürgen W. Goldfuß: *Wer sich nicht führt, der wird verführt*
Band 10 – Doris Kirch: *Der Stress-Coach*
Band 11 – Stéphane Etrillard: *Charisma – einfach besser ankommen*
Band 12 – Birgit Lutzer – *Bringen Sie es auf den Punkt*

Ausführliche Informationen zu jedem unserer lieferbaren und geplanten Bücher finden Sie im Internet unter www.junfermann.de. Dort können Sie auch unseren kostenlosen Mail-Newsletter abonnieren und sicherstellen, dass Sie alles Wissenswerte über das JUNFERMANN-Programm regelmäßig und aktuell erfahren.

Besuchen Sie auch unsere e-Publishing-Plattform www.active-books.de.

Inhalt

1. Einleitung

Bevor Sie dieses Buch durchblättern, liebe Leserin und lieber Leser, sollen Sie wissen, was Sie in diesem Ratgeber erwartet.

Es geht um geschicktes Formulieren – und zwar im Gespräch, bei Vorträgen und in Form von schriftlicher Kommunikation. Sie erfahren, wie Sie Ihren Sprachstil an verschiedene Gelegenheiten anpassen – und wie Sie das Kopfkino Ihres Publikums oder Ihrer Leser aktivieren. Sie setzen die Werkzeuge der Werbetexter/innen ein, um jemand für ein Anliegen, ein Produkt oder Ihre Firma zu gewinnen. Und zwar auch Personen, die komplett anders „ticken" als Sie selbst!

Die vier letzten Kapitel drehen sich um spezielle Formen von Texten: um Geschäftskorrespondenz und um Texte für Ihre Pressearbeit, für Mailings und für Ihre Internet-Darstellung. Zusätzlich erhalten Sie kurze Hinweise zu Layout und Gestaltung dieser Informationsträger. Selbst wenn Sie z.B. für Ihr Marketing oder Ihre Medienarbeit externe Hilfe in Anspruch nehmen, stärkt Ihnen dieses Wissen im Kontakt mit Agenturen, Textern und Gestaltern den Rücken.

Aus Gründen besserer Lesbarkeit habe ich mich beim Verfassen dieses Ratgebers für die männliche Form entschieden. Die Frauen begegnen Ihnen in den Beispielen – als Chefinnen, Wirtschaftsvertreterinnen und in anderen wichtigen Funktionen.

Und jetzt wünsche ich Ihnen viel Spaß und viele Anregungen bei der Lektüre!

Ihre Birgit Lutzer

Kontakt:

Lutzertrain • Auf dem Esch 4 • 33619 Bielefeld
Tel.: +49(0)521-91177240 • Fax: +49(0)521-91177241
E-Mail: b.lutzer@lutzertrain.de
Internet: www.lutzertrain.de • www.birgit-lutzer.de

2. Was der Sprachstil anderen über uns verrät (und umgekehrt)

Haben Sie schon einmal in einem Großraumabteil gesessen und gehört, wie jemand anders im Waggon lautstark telefonierte? Gezwungenermaßen oder auch freiwillig verfolgten Sie das Gespräch eine Weile – und machten sich Gedanken über den Telefonierer. Wahrscheinlich wussten Sie nach kurzer Zeit, ob er (oder sie) Ihnen sympathisch war oder nicht. Verwendete der Mensch medizinisches Fachvokabular, haben Sie möglicherweise gedacht: „Aha, ein Spezialist aus dem Gesundheitswesen." Wäre ein breit gesprochener Dialekt an Ihre Ohren gedrungen, hätten Sie Schlussfolgerungen über den Herkunftsort Ihres Mitreisenden gezogen. Die individuelle Weise, wie jemand spricht, verrät einiges über ihn. Nicht alles, aber doch sehr viel. Und genau darum geht es in diesem Kapitel.

Was ist eigentlich der Sprachstil?

Der Sprachstil eines Menschen drückt sich in der grammatischen Konstruktion seiner Sätze (lang, kurz, verschachtelt ...) und in seiner Wortwahl aus. Die meisten Personen können zwischen mehreren Sprachstilen hin- und herschalten – je nachdem, in welcher Situation sie sind und mit wem sie sprechen. Der eine hält z.B. einen Vortrag mit Bandwurm-Sätzen. Er benutzt viele Fremdwörter, sodass sich seine Zuhörer mächtig konzentrieren müssen, um ihm zu folgen. Später, wenn er nach Hause zu seiner Familie kommt, spricht er zu seiner sechs Monate alten Tochter. Seine Äußerungen bestehen nun aus zwei bis drei Wörtern („Süüßer Fratz. Mach Bubu, Dutzi!"). Doch auch in anderen Zusammenhängen begegnet uns Wortarmut. Ein besonders krasses Beispiel ist das eines Kneipenbesuchers, der mit schwerer Zunge jede Frau als „die Alde" bezeichnete. Unabhängig davon, ob er über seine Freundin, seine Mutter oder die Bundeskanzlerin sprach. Und es nicht einmal böse meinte.

Wie entsteht der individuelle Sprachstil?

Die Fähigkeit, zu sprechen, ist jedem gesunden Menschen angeboren. Stark unterschiedlich ausgeprägt sind das Sprachgefühl und das Ausdrucksvermögen. Zunächst wird der Sprachstil durch das Elternhaus geprägt – bzw. durch die Erziehungsberechtigten. Ein Kind ahmt die Erwachsenen in seiner Umgebung nach. Im Verlauf des Lebens kommen weitere Personen und Faktoren hinzu, die die sprachliche Entwicklung des Kindes beeinflussen und die zum Erlernen weiterer Sprachstile führen. Dazu gehören etwa der Kindergarten, Freunde, die Schule – später die Clique, die Ausbildung und die weitere Laufbahn. Je mehr sich jemand beruflich auf eine bestimmte Richtung festlegt, desto wahrscheinlicher wird er sich irgendwann eine Fachsprache aneignen. Eine wichtige Einflussgröße ist das Lesen. Wer viel liest, hat meist einen größeren Wortschatz und eine höhere sprachliche Ausdrucksvielfalt als Menschen, die nur wenig Spaß an Büchern haben.

Wann eignen wir uns einen bestimmten Sprachstil an und wann nicht?

Je öfter und je länger wir in einem von uns als positiv empfundenen Umfeld sind, desto mehr nehmen wir den dort vorherrschenden Sprachstil an. Wir möchten durch unsere Sprache zeigen: „Ich bin eine/r von euch!" Das gilt häufig auch dann, wenn wir eine neue Bekanntschaft machen und den/die andere/n sympathisch finden. Fast schon automatisch nehmen wir bestimmte Begriffe unsres Gesprächspartners auf und gleichen unsere Sprache an seine an.
Die Sprache kann jedoch auch dazu verwendet werden, sich bewusst von seiner Umgebung abzugrenzen – eben einen anderen als den erwarteten Jargon zu verwenden. Wie etwa ein bockiger Jugendlicher, der obszöne Kraftausdrücke benutzt, um seine Nachhilfelehrerin zu schockieren.

Welche Signale können durch den Sprachstil gesendet werden?

Bei der Einschätzung anderer Personen spielen neben dem Sprachstil eine große Menge anderer Signale eine Rolle: z.B. Stimmlage und Betonung, äußeres Erscheinungsbild, Gestik und Mimik sowie andere nonverbale Botschaften. Der Sprachstil ist also nur ein kleines Puzzleteil, das wir nun aus dem Gesamtbild herauslösen und einzeln betrachten. Hört ein Mensch zum ersten Mal bei einer persönlichen Begegnung die Sprache eines anderen, kann es sein, dass er – je nach Situation – in Bezug auf seinen Gesprächspartner über folgende Aspekte nachdenkt: Welchen gesellschaftlichen Status hat er oder sie? Welchen Beruf übt die Person aus? Wie alt mag er oder sie sein? Ist mein Gesprächspartner intelligent? Aus welcher Region stammt er oder sie wohl? Ist mir seine Art zu reden sympathisch oder nicht?

Welcher Sprachstil deutet auf einen hohen Status?

Personen mit hohem gesellschaftlichem und/oder beruflichem Status verfügen über Macht, Einfluss und umfangreiche finanzielle Mittel (bzw. es werden ihnen diese Eigenheiten zugeschrieben). Im Umgang mit anderen lassen sie kaum Gefühle erkennen und legen es in ihrer Kommunikation darauf an, respektiert zu werden. Einem solchen Menschen bringt man fast immer höhere Achtung entgegen als einer

Person, die z.B. beim ersten Kennenlernen ungefiltert in Emotionen schwelgt. Ein hoher Status zeigt sich etwa durch einen sachlichen und abstrakten Sprachstil, der oft auf eine höhere Bildung hinweist.

Wirkt ein solcher Sprachstil nicht arrogant gegenüber Leuten aus einer anderen gesellschaftlichen Schicht?

Ganz genau – nämlich dann, wenn das Verhalten etwa folgende Züge annimmt: Der Sprecher hält lange Monologe, die Rückschlüsse auf sein Fachgebiet, seinen Beruf oder sein Auto zulassen. Im Gespräch mit vermeintlich oder tatsächlich „Niederrangigen" stellt er oder sie keinerlei Fragen und scheint ausschließlich um sich selbst zu kreisen. Bis er auf jemand trifft, den er als noch wichtiger als sich selbst einschätzt. Wie durch Zauberhand wandelt sich sein Sprachstil. Plötzlich lächelt er, stellt Fragen und lädt den anderen sogar ein, gemeinsam einen Kaffee zu trinken.
Dies ist natürlich ein Extrembeispiel. Es gibt genug positive Fälle von Personen, die einen hohen Rang innehaben und es sich gerade deshalb leisten können, sich in Sprache und Verhalten auf andere einzustellen – unabhängig von deren Status.

Und welcher Sprachstil lässt Rückschlüsse auf einen niedrigen Status zu?

Ein Mensch im Tiefstatus wünscht sich positive Beziehungen zu anderen Menschen; er möchte von möglichst vielen akzeptiert werden. Um sein Gegenüber günstig zu stimmen, lächelt und lacht er viel. Wenn er spricht, verwendet er sehr viele gefühlsmäßig besetzte Wörter, die seine augenblickliche Befindlichkeit ausdrücken. Er redet mit seinem Gesprächspartner, statt ihm einen Vortrag zu halten. Um wieder ein Klischee als Beispiel zu nennen: „Du, das find' ich unheimlich gut, dass wir darüber geredet haben."

Also ist es besser, abstrakt und sachlich zu reden, um Anerkennung zu bekommen?

Es kommt immer auf die Situation und Ihr Ziel an. Manchmal kann es durchaus sinnvoll sein, andere Menschen durch emotionsloses und abgehobenes Sprechen auf Distanz zu halten. In anderen Fällen ist es vielleicht geschickter, mehr auf den Gesprächspartner einzugehen und eine positive, von Sympathie geprägte Beziehung zu ihm aufzubauen. Und: Zwischen diesen beiden Extremen gibt es viele Mischformen. Außerdem kann jeder Mensch je nach Situation und Rolle sprachlich einen anderen Status einnehmen. Jemand, der seinem Chef gegenüber aus dem Tiefstatus handelt, fordert im Hochstatus die eigenen Kinder auf, endlich ihr Zimmer aufzuräumen. Möchten Sie z.B. beim Halten eines Fachvortrags als Spezialist respektiert werden, sollten Sie einen verständlichen Sprachstil wählen, jedoch bestimmte Fachbegriffe einsetzen.

Inwieweit sind Sprech- und Schreibstil identisch?

Sprechen und Schreiben scheinen für viele Menschen zwei verschiedene Paar Schuhe zu sein. Jemand, der ein brillanter Redner ist, muss nicht automatisch auch ein guter Texter sein. Dennoch gibt es beim Reden und beim Schreiben sowohl Gemeinsamkeiten als auch Unterschiede sowie eine individuelle Note. Wer beispielsweise Lieblingswörter und -formulierungen hat, wird sie auch in seine Schriftsprache einfließen lassen – sofern das Thema es zulässt.

Kann man sich einen Sprachstil aneignen, der einem selbst komplett fremd ist?

Genau so, wie Sie auch eine Fremdsprache erlernen können, ist es für Sie möglich, sich einen für Sie fremdartigen Sprachstil anzueignen. Dies ist z.B. erforderlich, wenn Sie in einer Firma arbeiten, in der die Menschen einen bestimmten Sprachstil kultivieren (z.B. das oft konzerntypische „Denglisch“). Die Frage dabei ist jedoch, wie wohl Sie sich beim Sprechen fühlen. Sind Ihnen die Menschen unsympathisch, die einen solchen Sprachstil nutzen, werden Sie sich über einen längeren Zeitraum schwertun mit dieser „Fremdsprache“. Das Gleiche gilt auch für Versuche, sich einen vermeintlich negativ wirkenden Dialekt abzutrainieren. Abgesehen davon, dass viele Menschen unter Stress wieder in ihre Kindheits-Mundart verfallen: Das Wichtigste ist, dass Sie von den Personen in Ihrem beruflichen und privaten Umfeld verstanden werden. Eine mundartliche Färbung verleiht Ihrer Sprache eine individuelle Note. Sie wirken authentischer, als wenn Sie gezwungenermaßen lupenreines Hochdeutsch sprechen.

Welche Haupt-Sprachstile begegnen uns im Beruf?

Aus der Vielzahl verschiedener Sprachstile lassen sich neben der berufsspezifischen Fachsprache drei Hauptrichtungen unterscheiden: der wissenschaftlich-abstrakte Sprachstil, der sachlich informative und der werblich-emotionale. Alle drei haben ihre Einsatzgebiete und damit auch ihre Berechtigung.

Was zeichnet den wissenschaftlich-abstrakten Stil aus und wo wird er eingesetzt?

Der wissenschaftlich-abstrakte Sprachstil hat folgende Merkmale: lange, verschachtelte Sätze, viele Hauptwörter, Passiv-Formulierungen („Das Examen wurde vom Prüfling bestanden“ statt: „Der Prüfling bestand das Examen“) und so gut wie keine beschreibenden und bewertenden Adjektive. Er begegnet uns z.B. in wissenschaftlichen Abhandlungen, Examens- und Hausarbeiten sowie in Fachartikeln und Vorträgen, die sich an Personen mit gleichem Kenntnisstand richten.
Beispiel: „Als dynamisch wahrgenommene Commercials – die portraitierten Gefühle des Darstellers wechseln und ändern ihre Intensität während des Verlaufs, womit

der Commercial Elemente enthält, die einem Drama ähneln – lösen mehr Gefühle aus, die es den Rezipienten ermöglichen, sich an die Stelle des Akteurs zu versetzen und seine Erfahrungen nachzuvollziehen, als eher statische Commercials." (Quelle: Koeppler, K.: Strategien erfolgreicher Kommunikation. Lehr und Handbuch, Oldenbourg, München 2000, S. 378.)

Woran erkennt man den sachlich-informativen Sprachstil und wo findet er Verwendung?

Dieser Sprachstil hat mittellange Sätze und dient dazu, Sachverhalte zu verdeutlichen statt sie zu bewerten. Er enthält eine Reihe von Adjektiven („Wie-Wörter"), die jedoch beschreibend eingesetzt werden. Wertende Ausdrücke wie „weltweit erfolgreichster" oder „der/die/das beste/schönste/tollste ..." sind in einem solchen Text tabu. Der sachlich-informative Sprachstil taucht in Pressetexten, in technisch orientierten Produktbeschreibungen und in Fachartikeln auf – also überall dort, wo es um sachliche Informationsübermittlung geht.
Beispiel: „Die Nachfrage von Mailingleistungen wächst. Vor dem Hintergrund starken Wettbewerbs müssen Existenzgründer und kleinere Unternehmen den Kauf von Maschinen für ihre Tätigkeit als Kuvertierdienstleister sorgfältig planen. Mit der BB300 Solo bringt die Firma Buhrs ein System auf den Markt, das speziell an den Bedarf von Lettershop-Einsteigern angepasst ist." (Quelle: Produktinformation der Firma Buhrs ITM GmbH, Löhne. www.buhrs.com.)

Welche Kennzeichen hat der werblich-emotionale Sprachstil und wo begegnet er uns?

Der werblich-emotionale Sprachstil zielt darauf, eine positive Einstellung einer Person, einem Sachverhalt, einem Angebot oder einem Vorschlag gegenüber zu erzeugen. Oft bezieht dieser Stil den Leser oder Zuhörer durch direkte Anrede mit ein. Er enthält viele Verben und Adjektive. Die verwendeten Wörter sollen positive Gedanken und Assoziationen auslösen. Den werblich-emotionalen Stil finden wir bei allen Arten von Werbemedien sowie in Überzeugungsgesprächen.
Beispiel: „Drückt Sie der Schuh in Hinsicht auf Printprodukte, sind wir gerne für Sie da. Wenn Sie Ihren Kunden hochwertige Druckerzeugnisse zu einem fairen Preis-Leistungsverhältnis anbieten möchten, steht Ihnen das H & S-Team als Partner zur Seite. Und auf Wunsch gehen wir meilenweit mit Ihnen." (Quelle: Mailing der H & S Druckgesellschaft mbH, Gütersloh, www.plakatzeit.de.)

Tipp: Verfassen Sie selbst einen werblich-emotionalen Text, so sollten Sie darauf achten, Ihre Botschaft geschickt zu verpacken statt (wie leider viele Anbieter) auf platte Weise die Werbetrommel zu schlagen.

Worauf sollte man bei Sprechen und Schreiben achten?

In der Regel wird es so sein, dass Sie die Empfänger mit Ihrer Botschaft (sei es mündlich oder schriftlich) erreichen möchten. Wer schreibt z.B. schon mit viel Mühe und in ernsthafter Absicht einen Text, der auf keinen Fall verstanden werden soll? Bevor Sie zu sprechen oder zu schreiben beginnen, sollten Sie sich ein paar Gedanken über Ihr Gegenüber oder den Empfänger Ihres Schreibens machen. In welcher Ausgangssituation befinden sich diese Menschen? Welchen Beruf haben sie? Wie ist ihr Verhältnis zu Ihnen? Können Sie Ihre Botschaft so verfassen, wie Ihnen der sprichwörtliche „Schnabel gewachsen ist" oder müssen Sie sich in der Wahl des Sprachstils auf die anderen einstellen? Welche Begrifflichkeiten und welche Art des Formulierens sind der anderen Seite vertraut? Wie müssen Sie Ihr Anliegen „verpacken", damit es Zustimmung findet? Haben Sie diese Fragen gedanklich für sich beantwortet, können Sie loslegen.

Welcher Sprachstil eignet sich für Vorträge und Präsentationen?

Hier gibt es wieder mehrere Varianten: Entweder sprechen Sie vor Fachpublikum oder vor Menschen, die nur wenig Hintergrundkenntnisse über Ihr Thema haben. Bei Fachpublikum sollten Sie bestimmte Begriffe in Ihren Vortrag einfließen lassen, die Ihnen gemeinsam aus Ihrem Beruf oder Ihrer Tätigkeit vertraut sind.

Alle weiteren Empfehlungen gelten für beide Varianten: Sprechen Sie bitte in kurzen Sätzen – und frei. Ein abgelesener oder auswendig heruntergeleierter Text wirkt grau, blutleer und einschläfernd. Verwenden Sie mehr Verben als Substantive und reden Sie Ihr Publikum zwischendurch immer wieder an. Adjektive, bildhafte Beschreibungen und lebendige Beispiele lockern Ihre Rede auf, denn sie aktivieren das Kopfkino Ihrer Zuhörer. Um Zusammenhänge zu verdeutlichen, eigenen sich Abbildungen, Visualisierungen (z.B. am Flipchart) und auch Materialien, die Sie zum Anfassen herumgeben. Das Hauptaugenmerk beim Vortrag sollte jedoch auf Ihrer Person liegen und weniger auf Ihren Präsentationsfolien. Letztere dienen ausschließlich der Untermalung des Gesagten! Falls Sie öfter die Rückmeldung bekommen, Ihre Stimme sei zu leise oder zu monoton, kann ein Sprech- und Stimmtraining Abhilfe schaffen.

3. Worauf Sie bei Wortwahl und Satzbau achten sollen

Waren Sie schon einmal Zuhörer eines langatmigen Vortrags, dessen Ende Sie schon wenige Minuten nach Beginn herbeisehnten? – Während der Redner sprach, wurden Ihnen die Augen schwer. Sie fingen an zu zwinkern. Doch die bleierne Müdigkeit hielt Sie unerbittlich gefangen ...

Das gleiche geschieht, wenn Sie einen trockenen Text lesen, durch den Sie sich wie durch einen alten Zwieback hindurchkauen müssen. Aufmerksamkeit und Interesse werden unter anderem durch den Bezug geweckt, den jemand zu einem Thema hat. Je größer der erhoffte Nutzen einer Botschaft für den Empfänger ist, desto begieriger werden die Informationen aufgenommen. Doch darüber hinaus gibt es sprachliche Phänomene, die entweder eine einschläfernde oder eine belebende Wirkung haben. Und diese wollen wir uns im nun folgenden Kapitel genauer anschauen. Sie erfahren, worauf Sie beim Erstellen ansprechender Texte und Reden achten sollten – und wann es vielleicht Ausnahmen zu den Empfehlungen gibt.

Wie kann ich meinen Wortschatz erweitern, um mehr sprachliche Ausdrucksvielfalt zu erreichen?

Viel Lesen hilft Ihnen, den eigenen Wortschatz zu erweitern. Ihr Gehirn speichert bestimmte Formulierungen ab, die dann in Ihre eigene Sprache integriert werden. Vielleicht haben Sie auch selbst schon einmal bei der Lektüre eines besonders schönen oder treffsicheren Textes gedacht: „Das merke ich mir, um es selbst an passender Stelle anzubringen!“ Auch Hörbücher haben den gleichen Effekt.

Eine andere Variante besteht darin, öfter einmal einen Begriff zu notieren und sich möglichst viele Synonyme – Wörter gleicher oder ähnlicher Bedeutung – zu überlegen. Fallen Ihnen keine weiteren Alternativen ein, nehmen Sie spaßeshalber ein Synonym-Lexikon (z.B. Textor: Sag es treffender. Von diesem Werk gibt es ständig aktualisierte Auflagen.). Sie werden überrascht sein, welche weiteren verwandten Ausdrücke es noch gibt!

Was kann der Effekt von Wortwiederholungen sein?

Um diesen zu verdeutlichen, ein Beispiel: Zwei Schüler reden in der Pause über einen ihrer Lehrer. „Heute hat er locker die Dreißiger-Marke überschritten! Wie viele Striche hast du gemacht?", fragt der eine den anderen. Anlass der Belustigung: Immer wieder lässt der Lehrer seine Lieblings-Wortkombination in den Unterricht einfließen („Nicht wahr?"). Während der Schulstunde ist die Aufmerksamkeit der Schüler nur auf eine Frage gerichtet: „Wann sagt er die Worte wieder?" Die ganze Klasse führt akribisch Strichlisten, während die eigentlichen Lehrinhalte an den Siebtklässlern vorbeirauschen. Ob dieser Effekt im Sinne des Lehrers ist, bleibt fraglich.

Was lernen wir daraus? Ständiges, unbeabsichtigtes Wiederholen von Begriffen oder gleichen Formulierungen kann auf Zuhörer bzw. auf Leser eines Textes lächerlich wirken und sie von der eigentlichen Botschaft ablenken. Oder die Wirkung der permanenten Wiederholung ist einschläfernd: Das Zuhören oder die Lektüre gestalten sich zäh wie ein in die Länge gezogener Kaugummi.

Wie finde ich heraus, ob ich unbeabsichtigt Worte in Reden oder Präsentationen wiederhole?

Möchten Sie einen Vortrag halten, üben Sie ihn vor einer Person Ihres Vertrauens. Bitten Sie diese, auf versehentliche Wortwiederholungen zu achten. Alternativ können Sie sich selbst mit einer Videokamera aufnehmen. Davon unberührt bleibt die absichtliche Wiederholung von einzelnen Wörtern oder Formulierungen am Satzanfang als rhetorisches Stilmittel (= Anapher), denn damit können Sie eine besondere Betonung auf bestimmte Inhalte legen.

Beispiel: „**Wir fordern** mehr Respekt vor Tieren. **Wir fordern** deshalb die Abschaffung von Massentierhaltung. **Wir fordern** deshalb die Einstellung von Tiertransporten."

Und wie überprüfe ich Texte auf Wiederholungen?

Möchten Sie einen Text auf Wortwiederholungen überprüfen, kann die „Suchen"-Funktion Ihres Textverarbeitungsprogramms helfen. Markieren Sie das Wort und klicken Sie auf „Suchen". Nun sehen Sie alle Textstellen, an denen der Begriff auftaucht und können ihn gegen ein anderes Wort austauschen. Oder Sie sprechen sich selbst den Text laut vor. Dann fallen Ihnen Wiederholungen besser auf als beim stummen Durchlesen.

In welchen Fällen sind Begriffs-Wiederholungen bzw. eine gleich bleibende Wortwahl sinnvoll?

Überall dort, wo es in besonderem Maße um Verständlichkeit geht, ist eine eindeutige Terminologie erforderlich – beispielsweise in Bedienungsanleitungen, technischen Handbüchern und beim Erklären komplizierter Sachverhalte. Sie schaffen mit hoher Wahrscheinlichkeit Verwirrung, wenn Sie z.B. ein Maschinenteil einmal als Griff, dann als Hebel, dann als Halter und schließlich als Stiel bezeichnen. Der Leser Ihres Textes oder Ihr Gegenüber muss jedes Mal überlegen, ob Sie damit das Gleiche meinen oder ob es um einen anderen Maschinenteil geht.

Welche weiteren Wortarten führen zu Langeweile beim Gegenüber oder Leser?

Die sogenannten „Füllwörter" vernebeln Ihre Aussage und sorgen dafür, dass sich der andere besonders konzentrieren muss, um Ihnen zu folgen. Für sich genommen, haben sie keine eindeutige Aussage. Typische und weit verbreitete Beispiele sind „im Grunde genommen", „sozusagen", „gewissermaßen", „letztendlich". Sicher fallen Ihnen noch weitere ein.

Beispiel: Auf die Frage eines Elektronik-Fachverkäufers, ob der Kunde das angebotene Produkt nun haben will oder nicht, antwortet dieser: „Im Grunde genommen geht die Sache schon in die richtige Richtung. Und letztendlich erfüllt das Gerät auch im Großen und Ganzen meine Anforderungen."

Ja, was denn nun? Der Kunde wirkt unsicher – so als ob er sich den Erwerb des Apparats noch überlegen müsste. Das bedeutet für Sie: Immer dann, wenn Sie selbstbewusst und klar Position beziehen möchten, streichen Sie die Füllwörter in Ihrer Aussage. Prüfen Sie Texte genau: Bleibt die Bedeutung eines Satzes nach Streichung eines Begriffs erhalten, war dieser ein Füllwort – und damit überflüssig.

Gibt es Situationen, in denen Füllwörter einen Nutzen haben?

Möchten Sie jemand eine negative Botschaft übermitteln und diese in einen dicken Wattebausch verpacken, verwenden Sie Füllwörter.

Beispiel: Mit der Formulierung „Eigentlich hatte der Hersteller bei der Konzeption der Maschine eine andere Zielsetzung" teilen Sie einem Kunden schonend mit, dass bei seinem Kaffeevollautomaten eine bestimmte Funktion ausgelassen wurde.

Bei zu viel Drum-herum-Gerede sollten Sie das Risiko einkalkulieren, falsch verstanden zu werden.

Beispiel: Sie möchten dieses oder jenes wirklich nicht. Verwenden Sie statt eines klaren „Nein!" die höfliche Variante „Eigentlich möchte ich nicht", wird der andere weiter versuchen, Sie herumzukriegen. Verlassen Sie sich darauf!

Und wie wirken ganze Sätze ohne Aussage?

Sogenannte „Leerphrasen“ werden von manchen Menschen bewusst eingesetzt, um ihr Gegenüber einzuschläfern bzw. zu zermürben. Stellen wir uns eine typische Interviewsituation oder eine Talkrunde im Fernsehen vor. Die Journalistin stellt eine Frage, die ihrem Gesprächspartner unangenehm ist. Statt eine klare Antwort zu geben, flüchtet sich dieser ins Phrasendreschen: „Eine sehr gute Fragestellung, Frau Müller. Bevor ich darauf eingehe, lassen Sie mich noch etwas weiter ausholen, um Ihnen die gesamte Bandbreite der wirklich außerordentlich komplexen Sachlage zu verdeutlichen. Bla bla bla.“ Mit hoher Wahrscheinlichkeit wird sich die Medienvertreterin genauso über den nichtssagenden Wortschwall ärgern wie wir als Zuschauer.

Sind Leerphrasen also generell abzulehnen?

Es kommt immer auf Ihr Ziel an. Wenn Sie andere Menschen gerne langweilen, einlullen und ärgern möchten, sind Leerphrasen ein sehr wirkungsvolles Mittel. In allen anderen Fällen streichen Sie die Leerphrasen bitte aus Ihren Reden und Texten. Bleibt die Aussage nach Streichung eines Satzes erhalten, können Sie getrost auf ihn verzichten.

Welche Tipps gibt es für den Satzbau von Reden oder Texten, die ansprechen und unterhalten sollen?

Sie sollten es Ihren Lesern oder Ihrem Publikum leicht machen, Ihnen zu folgen. Aus diesem Grund ist ein einfacher Sprachstil mit kurzen Sätzen besser geeignet als ein abstrakter mit langen, verschachtelten Formulierungen. Mehr Abwechslung schaffen Sie, wenn Sie Haupt- und Nebensätze unterschiedlichen Aufbaus mischen. Prüfen Sie bei gleich bleibender Satzstruktur, ob Sie die Reihenfolge einzelner Wörter ändern können.
Beispiel: „Die Frau ging mit schweren Schritten zum Kühlschrank.“ wird geändert in: „Mit schweren Schritten ging die Frau zum Kühlschrank.“
Auch hier gilt: Lesen Sie den gesamten Text am Schluss noch einmal laut – und prüfen Sie, ob er sich „glatt“, harmonisch und gleichzeitig abwechslungsreich anhört.

Was versteht man unter „Passiv“- und „Aktiv“-Formulierungen?

Sie können die gleiche Aussage entweder in einen Passiv- oder in einen Aktivsatz „verpacken“. Bei einem Passivsatz wird etwas mit einer Person oder einer Sache gemacht.
Beispiel: Das Examen **wurde** vom Prüfling **bestanden**. Anschließend wurde eine Flasche Sekt von ihm und seiner Professorin geleert.

Bei einem Aktivsatz geht von jemand oder etwas eine Aktivität aus.
Beispiel: Der Prüfling **bestand** das Examen. Anschließend **leerte** er gemeinsam mit seiner Professorin eine Flasche Sekt.

Ist es nicht egal, ob ich Passiv- oder Aktivsätze verwende?

Die psychologische Wirkung von Passiv- und Aktivformulierungen unterscheidet sich. Passivsätze im Übermaß machen einen Text oder eine Rede abstrakt. Aus diesem Grund begegnen sie uns oft in wissenschaftlichen Abhandlungen. Überwiegen Aktiv-Formulierungen, wirkt die Sprache lebendiger und dynamischer – das Kopfkino der Leser oder Zuhörer startet. Insbesondere bei der Übermittlung werblicher Inhalte sollte deshalb der Schwerpunkt auf dem „Aktiv" liegen.

Was versteht man unter „Nominalstil"?

Wenn sehr viele Hauptwörter (Substantive, Nomen) in der Sprache vorkommen, handelt es sich um den sogenannten „Nominalstil".
Beispiel: „**Die Auftragserteilung** erfolgte unverzüglich, sodass das Paket sofort zur **Auslieferung** gebracht wurde."

Sie erkennen vielleicht, dass sich dieser Satz wie verstaubtes Amtsstuben-Deutsch anhört. Richtig. Wie würde eine Formulierung mit ähnlichem Inhalt klingen, wenn mehr Verben darin wären? Etwa so: „Sie **haben** den Auftrag so schnell erteilt, dass wir Ihr Paket noch heute **verschicken**."

Wäre es also besser, mehr Verben und Adjektive zu verwenden?

Wenn Sie lebendig und abwechslungsreich schreiben und sprechen möchten, verleihen viele Verben und bildhafte Adjektive (Wie-Wörter) Ihrer Sprache eine schmackhafte Würze. Doch je nach Zielsetzung müssen diese sorgfältig gewählt und dosiert werden – angepasst an das Thema sowie an Ihre Leser oder Zuhörer. In Pressetexten beispielsweise sollten nur Adjektive vorkommen, die sachlich eine Wahrnehmung beschreiben.
Beispiele: Der **grüne** Wagen, das **lockige** Haar, der drei Meter **große** Kaktus ...
Empfindlich reagieren Medienvertreter auf Adjektive, die stark werten, wie z.B. „toll", „super-erfolgreich", „spannend", „der weitaus gefragteste Experte für ...".

Gibt es außer wertenden Adjektiven noch andere Wortarten, die für negative Gefühle sorgen?

Es gibt bestimmte Wörter, die bei fast jedem Menschen negative Gefühle und schlimmstenfalls einen Adrenalinstoß auslösen – wie beispielsweise „Beschwerde", „Problem", „Krise" oder auch das Fragewort „Warum ...?" Die Folgen sind häufig

eine Abwehrreaktion oder ein Gegenangriff – und das Ergebnis sind Scherben auf beiden Seiten. Wenn Sie diese „Reizwörter“ durch neutrale Formulierungen oder auch durch positive Begriffe ersetzen, werden einige Gespräche mit brisantem Inhalt ruhiger verlaufen.
Sagen Sie statt „Beschwerde“ besser „Frage“, dann fühlt sich der andere nicht sofort persönlich angegriffen. Wenn Sie jemanden kritisieren möchten, sprechen Sie von „Anregung“ oder „Verbesserungsvorschlag“. Ihr Gesprächspartner bleibt entspannt und hört Ihnen genau zu.

Warum ist „Warum“ ein Reizwort?

Das Wörtchen „Warum ...?“ bringt das Gegenüber in die Defensive und hat einen stark emotionalen Anstrich. Es erinnert uns an bohrende elterliche Fragen aus der Kindheit wie „Warum hast du dein Zimmer nicht aufgeräumt?“. Besser ist es, diese Formulierung durch „Aus welchem Grund ...?“ zu ersetzen, da sie neutraler ist und eine sachliche Antwort ermöglicht.

Die positive Gesprächsführung ist doch eine Art sprachlicher „Weichspüler“, oder?

Natürlich verändert die positive Gesprächsführung letztlich nicht die bittere Pille, die Sie Ihrem Gegenüber verabreichen müssen. So wird eine Chefin, die ihrem Mitarbeiter die Kündigung mit „beruflicher Neuorientierung“ schmackhaft machen möchte, zynisch wirken und das genaue Gegenteil erreichen. In anderen Situationen, wie beispielsweise bei einer Reklamation oder in einem Kritikgespräch, kann die positive Gesprächsführung eine gute Adrenalin-Sparmaßnahme sein.

4. Wie Sie sich optimal auf einen Gesprächspartner einstellen

Eine Frau ist geschäftlich unterwegs in einer für sie fremden Stadt. Sie sucht ein bestimmtes Gebäude. Zu ärgerlich, dass sie den Stadtplan im Hotelzimmer vergessen hat. Es ist noch sehr früh am Morgen. Am besten, sie fragt jemanden nach dem Weg. Die Straße ist fast menschenleer, nur ein paar Jugendliche stehen frierend an einer Bushaltestelle. Die wissen bestimmt, wohin sie gehen muss. Sie nähert sich der Gruppe. Einige rauchen, die anderen haben verkabelte Stöpsel in den Ohren und hören wahrscheinlich Musik. Sehr aufgeschlossen und freundlich sehen sie nicht aus, findet unsere Reisende. Trotzdem fragt sie einen der Jungs: „Ey, wo iss' n hier die Industrie- und Handelskammer?" Der so Angesprochene schaut sie freundlich und interessiert an. Dann erklärt er eifrig und mit Gesten untermalt: „Du gehst hier die Straße runter. Und dann rechts, da iss die IHK."

Diese Geschichte ist genau so passiert – und zwar in Bochum. Hätte sich ein älteres Ehepaar an der Haltestelle befunden, wäre die Formulierung anders ausgefallen. Die Frau hätte brav gefragt: „Entschuldigen Sie bitte, wo finde ich denn hier die Industrie- und Handelskammer?" Möglicherweise hätten die Jugendlichen anders reagiert, wenn sie in gestelzter Höflichkeit angeredet worden wären. Und das Ehepaar hätte bei einer Anrede mit „Ey" – von der Seite – sicher erstaunt die Augenbrauen hochgezogen. Die Sprache kann also eine erste Brücke zu Fremden sein.

Vielleicht haben auch Sie einen Beruf, in dem Sie sich oft in kurzer Zeit auf neue Menschen einstellen müssen – etwa, wenn Sie in der Beratung oder im Verkauf tätig sind. In diesem Kapitel erfahren Sie, wie Sie ein Einzelgespräch so gestalten, dass sich Ihr Gegenüber möglichst wohl und von Ihnen verstanden fühlt. In der Folge werden Sie ihm sympathischer sein als wenn Sie ihm gegenüber als „Alien" auftreten. Und Sie erfahren, mit welchen Formulierungen Sie unangenehme Situationen retten und wie Sie unfaire Gesprächspartner in die Schranken weisen können. Auch nichtsprachliche Signale, wie z.B. der Klang der Stimme, werden in diesem Kapitel berücksichtigt.

Was bei der Wortwahl und Formulierungen zu beachten ist

Gibt es eine Art zu reden, die in jedem Fall sympathisch auf andere wirkt?

Sympathie entsteht unter anderem dadurch, dass wir Ähnlichkeiten zwischen jemand anderem und uns selbst sehen. Aus diesem Grund werden Sie schneller einen „Draht" zu einer Person bekommen, wenn Sie Ihren Sprachstil ein bisschen (ohne sich komplett zu verbiegen) an deren Stil anpassen. Dabei ist es wichtig, dass Sie den „fremden" Sprachstil auf natürliche Weise in Ihre Art zu reden einbinden – vielleicht, indem Sie einige Worte einfließen lassen, die der andere verwendet. Von Übertreibungen und von dem Versuch, wie in einen unpassenden Anzug komplett in eine andere Sprechweise zu schlüpfen, ist dringend abzuraten. Stellen wir uns einen älteren Firmenchef vor, der zu seinen Auszubildenden spricht. Zur Vorbereitung des Treffens hat er im Internet nach Floskeln der Jugendsprache recherchiert und lässt diese jetzt in jeden zweiten Satz einfließen. Ein derartig gekünsteltes Manöver wird schnell als Manipulationsversuch durchschaut. Genau wie der fiktive Firmenchef würden Sie sich damit alle Sympathien verscherzen.

Wirkt es sympathisch, den anderen so oft wie möglich beim Namen zu nennen?

In den 1980er-Jahren bildete ein bekannter Versicherungskonzern nebenberufliche Mitarbeiter aus, die in ihrem Bekanntenkreis Versicherungen verkaufen sollten. In den Schulungen hieß es: „Nennen Sie Ihre Kunden so oft wie möglich beim Namen. Das schafft Sympathie und gibt Ihrem Gegenüber ein gutes Gefühl. So werden Sie es leicht haben, ihm eine Versicherung zu kaufen." Mancher Teilnehmer versuchte im Anschluss eifrig, potenzielle Kunden am Telefon mit Formulierungen wie „Hallo Frau Müller, wie schön, dass ich Sie sofort erreiche. Frau Müller, wenn ich Ihnen zeigen kann, wie Sie aus einer Mark zwei machen können, ist das interessant für Sie, Frau Müller?" für sein Angebot zu gewinnen.
Auch wenn die übertriebene und erkennbar gezielte namentliche Anrede von Gesprächspartnern im besten Fall komisch wirkt, steckt dennoch Wahrheit in der Behauptung, der Name sei ein wichtiges Element in der zwischenmenschlichen Kommunikation. Versetzen Sie sich in eine Situation zurück, in der Sie durch eine Namensverdrehung beispielsweise von einem Herrn Schober in einen Herrn Schoberts verwandelt wurden. Entweder haben Sie Ihren Gesprächspartner sofort auf den Fehler hingewiesen oder Sie haben sich insgeheim etwas geärgert. So wie Ihnen geht es den meisten Menschen, deren Name verdreht oder vergessen wird. Deshalb ist es wichtig, den Namen des anderen bei der Begrüßung und – wenn es sich ergibt – ein paar Mal während des Gesprächs und bei der Verabschiedung zu nennen. Sie signalisieren damit: „Sie sind mir wichtig und ich interessiere mich für Sie."

Wie kann ich mir Namen merken?

Es gibt verschiedene Strategien (sogenannte Mnemo-Techniken), mit denen Sie Ihre Merkfähigkeit sofort verbessern können. Ein Beispiel ist die Verknüpfung eines geeigneten Namens mit einem Bild: So lässt sich der Name „Wollberg" hervorragend in das innere Bild eines großen Bergs aus Wolle umwandeln. Da die ausführliche Beschreibung einzelner Techniken hier zu weit führt, hilft im Zweifelsfall Ehrlichkeit – etwa mit der Begründung: „Ich habe Ihren Namen eben nicht genau verstanden. Bitte helfen Sie mir noch einmal auf die Sprünge." Achten Sie darauf, dass Sie wirklich nur ein einziges Mal nachfragen müssen, denn sonst wird es peinlich für Sie.

> **Tipp:** Wenn es gar nicht anders geht, machen Sie sich diskret eine Notiz des Namens und schauen Sie dann möglichst unauffällig auf den Zettel oder (wie in der Schule beim Abspicken) in die Handinnenfläche.

Auf welche sprachlichen Merkmale sollte ich bei der ersten Begegnung mit einem neuen Gesprächspartner achten?

Lassen Sie seinen Redestil auf sich wirken. Verwendet er kurze, abgehackte Sätze oder redet er in einem umständlichen abstrakten „Kanzleistil"? Ist seine Sprache blumig und poetisch oder sachlich – auf die reine Informationsübermittlung ausgerichtet? Vielleicht fallen Ihnen bestimmte Formulierungen auf, die er häufiger verwendet. Wenn Sie diese aufnehmen (bitte dabei natürlich bleiben!), verknüpfen Sie etwas, das der Gesprächspartner kennt und was ihm vertraut ist, mit Ihrer Person und Ihrem Anliegen.

Sprachliche Eigenheiten des anderen zu übernehmen ist doch auch eine Art Manipulation, oder?

Mit Methoden, die Sie einsetzen können, um einen Draht zu Menschen aufzubauen (und sie im zweiten Schritt z.B. von Ihrem Angebot zu überzeugen), verhält es sich wie mit einem Messer. Sie können Brot mit einem Messer schneiden und eine Scheibe davon mit Butter und Erdbeermarmelade bestreichen. Ein Messer lässt sich natürlich auch für andere Zwecke einsetzen. Sie können damit zum Beispiel Ihren Nachbarn verletzen, weil er immer so missbilligend auf die vielen wilden Blumen und Kräuter in Ihrem Garten blickt.
Das Messer selbst ist weder gut noch schlecht – sehr wohl dagegen die Absicht dessen, der es einsetzt. Wenn Sie trainieren, sich in Ihrer Sprache besser auf andere Personen einzustellen, ist dies zunächst eine gute Sache.

Wie finde ich möglichst schnell Formulierungen, auf die mein Gesprächspartner positiv reagiert?

Indem Sie ihm genau zuhören und ihm offene W-Fragen stellen. Je mehr Informationen Ihr Gegenüber Ihnen gibt, umso besser. Spricht er über einen längeren Zeitraum, lässt er vielleicht immer wieder bestimmte Begriffe einfließen.

In jedem Unternehmen gibt es eine besondere Art und Weise zu sprechen – einen firmeninternen Sprachstil. Und der ist bei Werbeagenturen anders als in Handwerksbetrieben. Achten Sie darauf, welche Bezeichnungen für bestimmte Sachverhalte Ihr Gesprächspartner wählt. Ist die Rede von „Human Resources", von „Mitarbeitern", von „unseren Leuten"? Und: Je nach Typ wählen Menschen Begriffe aus unterschiedlichen Themenfeldern, z.B. aus dem Sport. Dazu gehören Begriffe wie „durchstarten", „gewinnen", „die Konkurrenz abhängen". Zuweilen haben Sie vielleicht einen Typen vor sich, der mit Kriegsvokabular arbeitet. Er spricht von „der ganzen Kompanie", will den Wettbewerb „angreifen" bzw. „platt machen" und dies oder jenes „als scharfe Waffe" einsetzen. Ob Sie sich darauf einlassen und ähnliche Begriffe verwenden, hängt von Ihren individuellen Wertvorstellungen ab.

Wenn Sie zufällig mitbekommen, dass Ihr Gegenüber ein bestimmtes Hobby hat (er angelt beispielsweise), wählen Sie Wörter aus diesem Bereich. „Neue Kunden an Land ziehen", „einen dicken Fisch an der Angel haben", „den passenden Köder auswerfen" usw. Es geht also Ihrerseits um ein Bewusstsein für die Themenfelder, aus denen die von Ihrem Gesprächspartner verwendeten Wörter stammen. Wählen Sie für Ihre Gesprächsbeiträge Begriffe aus der gleichen Umgebung.

Gibt es noch weitere Kommunikationstechniken, bei denen es um spezielle Formulierungen geht?

Eine im „Neurolinguistischen Programmieren" (kurz: NLP) verbreitete Strategie besteht darin, auf den Kommunikationskanal zu achten, den der andere überwiegend nutzt. In Anlehnung an die Sinneswahrnehmungen werden fünf Kanäle unterschieden: Sehen, Hören, Riechen, Schmecken und Fühlen. Ein visueller Mensch nutzt sprachliche Bilder, die etwas mit dem Blick zu tun haben, beispielsweise: „Das sieht gut aus!" „Wir wollen mal schauen, was wir machen können." usw. Jemand, der Informationen besser über sein Gehör aufnimmt, spricht dann etwa von „ganz Ohr sein", „die Kasse klingeln hören".

NLP-Spezialisten empfehlen, die eigene Sprache an den Lieblings-Sinneskanal des Gegenübers anzupassen. Würden Sie mit einem kinästhetischen Wahrnehmungstyp sprechen, müssten Sie Vokabeln verwenden, die etwas mit Fühlen und Anfassen zu tun haben. Halten Sie einen Vortrag vor gemischtem Publikum, sollten laut NLP Ihre Ausführungen sprachliche Bilder aus allen fünf Bereichen enthalten, damit Sie alle Sinnestypen erreichen.

Umgang mit Gefühlen und mit schwierigen Situationen

Welche Rolle spielen Gefühle in der Business-Kommunikation?

Manche Personen sind sachlich-faktenorientiert, während andere sehr emotional reden und handeln. Beobachten Sie Ihr Gegenüber genau. Handelt es sich um einen Menschen, der möglichst schnell zum Anlass Ihres Beisammenseins kommen möchte oder ist er jemand, der erst noch nett plaudern und gemütlich Kaffee mit Ihnen trinken möchte? Ein sachlich orientierter Typ spricht eher monoton und zeigt wenige Gefühlsregungen. Manchmal drückt er sich abstrakt aus und gibt Ihnen nur so viele Informationen wie nötig. Seine Vorgehensweise beim Sprechen ist geradlinig: Er kommt sofort zur Sache, steuert das Gesprächsziel an und beendet das Treffen zügig. Ein auf Beziehung gerichteter Typ zeigt beispielsweise seine Freude über Ihre Begegnung. Er lächelt und lacht manchmal. Bevor er zum Thema kommt, fragt er zunächst nach allgemeinen Dingen („Regnet es bei Ihnen auch so stark wie hier?"). Von ihm erhalten Sie viele Informationen – auch welche, nach denen Sie nicht fragen. Er scheint viel Zeit zu haben. Richten Sie Ihre Kommunikation darauf aus – sowohl sprachlich als auch nonverbal.

Und was mache ich, wenn ich es mit einem zugeknöpften und verschlossenen Gegenüber zu tun habe?

Geben Sie ihm positive Signale, wenn er redet. Sie nicken, sagen „Aha" oder „Hm, interessant".
Auch die Technik des „aktiven Zuhörens" kann in vielen Fällen weiterhelfen. Sie stammt ursprünglich aus dem therapeutischen Bereich. Dort wird sie eingesetzt, um Klienten durch das Bekunden von Interesse zu ermuntern, sich zu öffnen. Und diese Methode funktioniert auch in anderen Zusammenhängen. Sie haben dabei mehrere sprachliche Möglichkeiten, ein Gespräch in Schwung zu bringen.
Variante 1: Sie fassen das Gehörte noch einmal in eigenen Worten zusammen – etwa eingeleitet durch „Sie meinen also, ..." Oder: „Wenn ich Sie richtig verstanden haben, wollen Sie ..."
Variante 2: Sie wiederholen ein wichtiges Wort aus der Äußerung des anderen – entweder als Feststellung oder als Frage.
Beispiel: Ein Kunde berichtet von Bedienungsproblemen mit einer von Ihrem Unternehmen gelieferten Maschine: „Und dann war die Hand eingeklemmt." Sie fragen nach: „Eingeklemmt?" Der andere wird diese Nachfrage als Ermutigung ansehen, weitere Informationen zu geben.
Beim aktiven Zuhören ist immens wichtig, dass Ihr Interesse ehrlich ist.

An welchen Formulierungen erkenne ich am Ende eines Gesprächs, ob der andere ein ernsthaftes Interesse an mir bzw. an einer Zusammenarbeit hat?

Wer höfliche und nett gemeinte Worte von neuen Kontakten im geschäftlichen Umfeld ohne weitere Überprüfung für bare Münze nimmt, riskiert Enttäuschungen. Nämlich dann, wenn der/die Gesprächspartner/in später plötzlich einen Rückzieher macht oder sich einfach nicht mehr meldet. Ein ernsthaft gemeintes Anliegen wird mit einer konkreten Verbindlichkeit wie etwa einem festen Termin beendet.
Beispiel: „Bitte rufen Sie mich nächste Woche am Montag um 10:00 Uhr an, um die weitere Vorgehensweise festzulegen."
Auf Unverbindlichkeit deutet eine Formulierung hin wie „Ich melde mich dann sehr gerne bei Gelegenheit noch einmal bei Ihnen." Oft drückt der Sprecher damit auch gleichzeitig aus, dass der andere nicht anrufen soll. So ist es für ihn einfacher, den Kontakt im Sande verlaufen zu lassen. Bekommen Sie eine so unverbindliche Antwort, können Sie mit der Frage „Wann genau sollen wir denn wieder sprechen?" testen, wie es um die Motive Ihres Gesprächspartners steht. Sagt er „Sie haben recht, wir machen besser einen Termin aus", hat er trotz der zunächst unverbindlich klingenden Worte Interesse. Erfolgt eine weitere vage Antwort wie: „Ich kann jetzt noch nicht sagen, wann ich mich melde", vergessen Sie's. Richten Sie Ihren Blick und Ihre Erwartungen besser auf andere Menschen.

Worauf muss ich bei Spannungen mit Vorgesetzten, Kunden und anderen „Höherrangigen" achten?

Ungleich verteilte Machtverhältnisse, z.B. in Hierarchien, spiegeln sich in einem asymmetrischen Kommunikationsmuster. Auch wenn Sie empört sind über eine ungerechte Behandlung: Die kurzfristige emotionale Entlastung wiegt den Schaden nicht auf, wenn ein Streit mit dem Chef oder einem Kunden eskaliert. Versuchen Sie, sich innerlich gegen die Angriffe abzuschirmen und auf Durchzug zu schalten. Der scheinbar Mächtigere zeigt durch unbeherrschtes Verhalten eine große Charakterschwäche: Er hat sich nicht im Griff und nutzt seine Position aus, um sich auf Kosten seiner Mitarbeiter gehen zu lassen.

Wie gehe ich damit um, wenn ein Mensch aus meinem beruflichen Umfeld plötzlich von privaten Problemen berichtet?

Natürlich haben wir alle einen Beruf – und im Umgang mit Kunden, Geschäftspartnern oder Bürgern einen bestimmten Auftrag. Wir wollen ein Produkt verkaufen, eine Dienstleistung erbringen, jemanden beraten oder eine verwaltungstechnische Formalität durchführen. Doch wir haben es immer mit Menschen zu tun. Auch wenn Sie selbst zurückhaltend mit Ihren Gefühlen und privaten Befindlichkeiten sind – es gibt immer wieder Personen, die den dringenden Bedarf haben, sich auszusprechen.

Insbesondere dann, wenn Ihr Gegenüber sich gerade über etwas geärgert hat oder aus anderen Gründen unter Spannung steht, kann es für Ihr Geschäft förderlich sein, ihm zunächst Gelegenheit zum „Dampf-Ablassen" zu geben. Hören Sie ihm zu und führen Sie das Gespräch zunächst auf der rein menschlichen Ebene. Versuchen Sie dann, diplomatisch zum eigentlichen Anlass Ihres Beisammenseins überzuleiten. Dass Sie dabei sicher auch Grenzen setzen müssen, ist klar. Es geht nur darum, einer aufgewühlten Person ein bisschen Menschlichkeit und Verständnis entgegenzubringen. Klappt es auf der zwischenmenschlichen Sympathieebene zwischen Ihnen und Ihrem Gegenüber, ist auch das Geschäftemachen einfacher.

Mit welchen Formulierungen leite ich ein persönlich-emotionales Gespräch geschickt wieder auf die sachlich-fachliche Ebene zurück?

Erzählt Ihnen jemand, zu dem Ihr Unternehmen eine geschäftliche Verbindung hat, plötzlich in langatmiger Weise private Probleme oder Details aus seiner Lebensgeschichte, ist Einfühlungsvermögen gefragt. Blocken Sie die Vertraulichkeit komplett ab, wird Ihr Gegenüber dies als harsche und verletzende Zurückweisung empfinden. Signalisieren Sie jedoch, dass Sie zu jeder Zeit ein offenes Ohr und Herz für seine Privatangelegenheiten haben, riskieren Sie zwei unangenehme Folgen: Er könnte Ihr Zuhören als Zuwendung privater Natur interpretieren und darauf ebenfalls sehr privat reagieren. Außerdem besteht die Gefahr, dass er in jeder freien Minute den Kontakt zu Ihnen sucht, um sich mit Ihnen auszutauschen. Es geht also wieder einmal um den „goldenen" Mittelweg und vor allen Dingen um Flexibilität.

Was wäre ein sinnvoller inhaltlicher Aufbau eines solchen „Rückführgesprächs"?

Bedanken Sie sich zunächst für das Vertrauen, das Ihr Gesprächspartner Ihnen entgegenbringt. Zeigen Sie Wertschätzung, aber ohne ihn durch weitere Fragen und zustimmende Signale (z.B. „Hm", „Ja?" „Ach!?" ...) zum Weitersprechen zu animieren. Signalisieren Sie ihm oder ihr gegenüber Verständnis („Ich kann verstehen, dass Sie aufgebracht/enttäuscht ... sind.") Zeigen Sie Ihrem Gesprächspartner dann, dass Sie in geschäftlicher Hinsicht da für ihn sind: „Ich für meinen Teil möchte mich dafür einsetzen, dass Sie sich trotz Ihrer Sorgen bei unserer Firma gut aufgehoben fühlen. Was kann ich denn in geschäftlicher Hinsicht für Sie tun?"
Doch Achtung: Gerade bei prekären oder gefühlsmäßig aufwühlenden Gesprächsthemen kommt es auf Einfühlungsvermögen an. Erzählt Ihnen jemand sichtlich bewegt von einem schweren Schicksalsschlag, können Sie ihn nicht nach zwei Sätzen abwimmeln. Hören Sie eine Weile zu und suchen Sie einen geeigneten Zeitpunkt, um das Gespräch auf Ihren Service etc. zu lenken.

Wie lehne ich die Wünsche von „Nervensägen" diplomatisch ab?

Stellen wir uns vor, ein Kunde/Kollege/Geschäftspartner richtet einen Wunsch an Sie, den Sie zum Zeitpunkt des Gesprächs nicht erfüllen können oder wollen. Begründen Sie dann die Ablehnung mit einem Satz, der mit dem Wort „weil" beginnt.

Beispiel: „Weil ich mir Zeit und Ruhe für Ihr Anliegen nehmen möchte, werde ich mich um 17:00 Uhr darum kümmern."

Meistens gibt sich der Gesprächspartner damit zufrieden, denn er erkennt, dass Sie gute Gründe für Ihr „Nein" haben, die zudem noch von Vorteil für ihn sind. Manche Menschen bleiben jedoch hartnäckig. Signalisieren Sie dem Gesprächspartner im ersten Halbsatz Wertschätzung und wiederholen Sie Ihre Begründung in anderen Worten.

Beispiel: „Ihr Projekt ist mir wichtig. Deshalb möchte ich mich damit um 17:00 Uhr befassen, sobald ich meine Telefontermine erledigt habe."

Für den unwahrscheinlichen Fall, dass der Gesprächspartner immer noch beharrlich bleibt, entspannen Sie sich innerlich und lächeln Sie ihn an. Dann wiederholen Sie Ihre zuvor gegebene Antwort wie ein Papagei. Spätestens dann wird er von seinem Vorhaben ablassen.

Wie drücke ich mich aus, um mich gegen häufiges Unterbrechen seitens meines Gesprächspartners zu wehren?

Hier kommt es auf das gekonnte Zusammenspiel von verbalen und nonverbalen Signalen an. Oft reicht ein „Ich möchte bitte zu Ende sprechen" aus. Oder Sie beschreiben Ihre Wahrnehmung: „Mir fällt auf, dass Sie oft das Wort ergreifen, während ich noch spreche. Ich wünsche mir, dass wir beide ausreden können."

Manchmal jedoch müssen Sie schwerere Geschütze auffahren. Dann machen viele Menschen den Fehler, die Stimme zu erheben. Folge: Sie klingt schrill und scheppernd. Senken Sie Ihre Stimme besser in eine tiefere Tonlage ab, dann wird sie kräftiger. Sprechen Sie weiter und ignorieren Sie die Versuche des anderen, Ihnen über den Mund zu fahren. Hilft auch das nicht, heben Sie beide Hände, blicken Sie ihm fest in die Augen und sagen Sie deutlich: „Ich möchte aussprechen." Das wirkt.

Wie kann ich mich gegen verbale Angriffe wappnen?

Insbesondere dann, wenn uns die negative Rückmeldung eines anderen überraschend trifft oder tiefer verletzt, ist es schwer, souverän und gelassen zu reagieren. Auch wenn die Versuchung groß ist, sofort mit einem Gegenangriff zu reagieren, lohnt manchmal ein kurzes Innehalten. Zunächst handelt es sich um die Meinungsäußerung eines anderen. Und dieser Ansicht können Sie zustimmen – oder auch nicht. Sie entscheiden, inwieweit Sie die Kritik annehmen oder als unbegründet zurückweisen. Manchmal wird Kritik zwar aus taktischen Gründen in unfairer Weise vorgebracht. In vielen Fällen möchte der Kritiker Ihnen jedoch mit seiner Äußerung helfen.

Und woran erkenne ich unfaire Kritik?

Beispielsweise, wenn sich die Kritik gegen Ihre gesamte Person statt gegen ein Verhalten in einer bestimmten Situation richtet.
Beispiel: Jemand wirft Ihnen an den Kopf: „Sie sind ein total dominanter Typ und walzen alles platt, was sich Ihren Interessen entgegenstellt."
Ein so undifferenziertes Pauschalurteil müssen Sie nicht annehmen. Etwas genauer darf es schon sein. Fragen Sie nach: Auf welchen Anlass bezieht sich der Kritiker? Was genau hätte er sich von Ihnen gewünscht?

Was mache ich, wenn mir jemand aus einem einzelnen „Ausrutscher" einen Strick drehen will?

In diesem Fall leitet der andere aus einem einzelnen Vorkommnis eine Regelmäßigkeit ab. Er oder sie schließt von einem Detail auf das Ganze.
Ein Beispiel: „Du lässt mich nie aussprechen und unterbrichst mich immer!"
Wenn Sie sicher sind, dass Sie den anderen wirklich nur einmal unterbrochen haben, soll er Ihnen die anderen Anlässe nennen. Steckt jedoch ein Körnchen Wahrheit in der Kritik, lassen Sie ihn besser zukünftig aussprechen.

Manche Leute stellen ihre eigene Wahrnehmung als absolute Wahrheit hin. Wie reagiere ich darauf?

Ärgerlich ist es, wenn Ihr Verhalten von jemand anderem interpretiert und diese Auslegung als feststehende Tatsache dargestellt wird.
Beispiel: Sie berichten über ein Vorkommnis. Plötzlich mahnt eine Kollegin: „Du solltest deine Wut über den Vorfall ein bisschen mehr kontrollieren."
Ob Sie wütend sind oder nicht, wissen Sie selbst am besten. Wenn Sie Ihre Emotionen nicht benennen, kann der oder die andere nur vermuten, welche Gefühle Sie gerade haben. Fragen Sie Ihre Kollegin, wie sie zu dieser Interpretation kommt. Manchmal lohnt auch der Blick in den Spiegel: Mit welchen nonverbalen Signalen (z.B. Stimme, Mimik, Gestik ...) haben Sie diesen Eindruck hervorgerufen? Worauf sollten Sie achten, wenn Sie auf keinen Fall für wütend (traurig, frustriert, entnervt ...) gehalten werden möchten?

Was antworte ich, wenn mir schlimme Dinge unterstellt werden?

Manche Menschen greifen (vorzugsweise in Gruppendiskussionen oder vor Publikum) zu einem sehr unfairen Mittel: Sie unterstellen unlautere, niedere Motive.

Beispiel: Jemand vermutet bei Ihnen Niedertracht, Gemeinheit, Heuchelei oder Ähnliches.

Diese Äußerung sagt mehr über den Kritiker aus als über Sie. Übergehen Sie den Inhalt des Gesagten und fragen Sie ihn, was er mit dieser Unterstellung erreichen will.

Wie weise ich einen Choleriker verbal in seine Schranken?

Choleriker in der akuten Aggressionsphase sind meist keiner rationalen Argumentation zugänglich. Lassen Sie deshalb Ihren Gesprächspartner schimpfen und antworten Sie allenfalls: „Hmm, ja, ich verstehe."

Wenn er (oder sie) langsam zur Ruhe kommt, unterbreiten Sie einen lösungsorientierten Vorschlag – beispielsweise: „Ich kann ... machen, um den Schaden wieder zu beheben". Poltert er wieder los, war es noch zu früh und Sie machen den nächsten Vorstoß ein paar Minuten später. Häufen sich die cholerischen „Anfälle", sollten Sie trotz Ihrer untergeordneten Position den Aggressor auf sachliche Art und Weise in die Schranken weisen, z.B. durch eine Formulierung wie „Ich möchte den Sachverhalt mit Ihnen klären, doch wäre es mir lieber, wenn wir die Diskussion auf einer sachlichen Ebene weiterführen könnten." Oder Sie fragen ihn ganz einfach: „Was genau wünschen Sie sich jetzt von mir?"

Was ist beim Übermitteln negativer Botschaften zu beachten?

In der Antike wurden die Überbringer schlechter Nachrichten oft einen Kopf kürzer gemacht. Heute sind die Gepflogenheiten zwar ziviler, doch es ist immer unangenehm, jemandem oder einer ganzen Gruppe etwas Negatives mitzuteilen. Wenn die schlechte Nachricht beim Empfänger dann auch noch eine heftige Gefühlsreaktion auslöst, sind viele Menschen überfordert. Hier gerät auch die Rhetorik an ihre Grenzen, denn auch die netteste Formulierung ändert letztendlich nichts an der „bitteren Pille", die Sie dem anderen verabreichen müssen.

Dennoch können Sie mit ein wenig Einfühlungsvermögen dafür sorgen, dass der andere im Anschluss nicht am Boden zerstört ist. Nehmen wir an, Sie müssten einen Mitarbeiter auf häufiges Zu-Spät-Kommen ansprechen. Beginnen Sie das Gespräch auf jeden Fall positiv – beispielsweise mit einem Dank, dass er sich Zeit für das Gespräch genommen hat. Vielleicht bieten Sie auch einen Kaffee an. Beschreiben Sie dann sachlich das unerwünschte Verhalten und seine Konsequenzen. Der Schluss sollte wieder positiv sein und (wenn möglich) eine Perspektive für die Zukunft aufzeigen.

Wenn es etwas auszubügeln gilt ...

Ich bin ins Fettnäpfchen getreten – was nun???

Da Sie Ihre Worte nicht zurücknehmen können, müssen Sie sich etwas anderes einfallen lassen. Welche Reaktion die beste ist, hängt von Ihnen selbst und von Ihrem Gegenüber ab.

Eine häufige, jedoch ungeschickte Variante: Sie beteuern, das Gesagte *nicht* so gemeint zu haben. Wenn Sie dem anderen erläutern, was Sie nicht gemeint haben, wird Ihre Aussage trotzdem genau so ankommen.

Beispiel: Ein Mann hat seine Kollegin mit einem spontanen Kommentar zu ihrem neuen Outfit verletzt. „Ich wollte damit nicht sagen, dass dein Kleid hässlich ist!", ruft er. Das „nicht" wird in der emotional belastenden Situation von der Kollegin kaum wahrgenommen. Was Sie hört, ist: „Er findet mein Kleid (und mich) hässlich!" Um Missverständnisse zu vermeiden, drücken Sie besser positiv nur das aus, was Sie sagen wollen – wie etwa „Die Farbe deines Kleides ist ungewöhnlich – mal was ganz anderes!"

Könnte ich auch zu einer unglücklichen Äußerung stehen?

Das, was wir spontan sagen, entspricht meistens der Wahrheit und ist authentisch. Auch wenn Ihr Kommentar vielleicht unangenehm für den anderen ist, kann er die Kraft eines reinigenden Gewitters haben. Zu einer unbedachten Äußerung ehrlich zu stehen, erfordert von Ihnen jedoch Souveränität und die Bereitschaft, eventuelle negative Konsequenzen zu tragen.

Wie wäre es, den Patzer einfach zu übergehen?

Natürlich – manchmal ist es einfacher, wieder zur Tagesordnung überzugehen statt der Äußerung durch eine Diskussion noch mehr Gewicht zu geben. Möglicherweise ist sie beim anderen auch gar nicht so angekommen, wie Sie befürchten. Eine Restunsicherheit bleibt allerdings, denn der andere überspielt vielleicht seine eigene Verletztheit. In diesem Fall kann Ihre Äußerung zu einer Verschlechterung Ihrer Beziehung führen, auch wenn Sie beide in unausgesprochener Übereinstimmung so tun, als sei alles in Ordnung.

Vielleicht könnte ich mich auch für die Äußerung entschuldigen?

Das offene Eingestehen eines Fehlers und die Bitte um Verzeihung kosten Überwindung. Und: Wie Ihr Gegenüber damit umgeht, entscheidet er. Manche Menschen freuen sich über eine Entschuldigung und nehmen sie an. Danach ist der Vorfall aus der Welt geschafft. Bei anderen laufen Sie vor eine Wand. Diese Personen werden Ihnen Ihre Äußerung niemals verzeihen, auch wenn Sie sich vor ihnen auf den Boden werfen und händeringend um Vergebung bitten. Sei' s drum. Sie haben Ihrerseits alles versucht, um die Sache in Ordnung zu bringen, und mehr können Sie nicht tun.

Und wenn ich eine Zusage nicht einhalten kann?

Viele Menschen betreiben in einem solchen Fall die zunächst bequem erscheinende Vogel-Strauß-Politik: Sie versuchen, die Angelegenheit auszusitzen und lassen den Betroffenen im Unklaren. Es ist ihnen unangenehm, sich mit der möglicherweise negativen Reaktion des anderen auseinanderzusetzen. Also wird der Gedanke an den Sachverhalt so weit wie möglich beiseite geschoben. Erst dann, wenn ein aufgebrachter Anruf des anderen erfolgt, werden defensiv agierende Menschen in Form von Ausreden und vagen Formulierungen aktiv.

Die Folge einer solchen Kommunikationsstrategie ist oft eine noch größere Verärgerung auf der anderen Seite, als notwendig wäre. Geschickter ist es, von sich aus Kontakt mit der anderen Person aufzunehmen. Reden Sie nicht lange um den heißen Brei herum, sondern kommen Sie zügig und sachlich zum Kern Ihres Anliegens.

Beispiel: „Herr X, ich möchte mit Ihnen über unsere noch ausstehende Lieferung an Sie sprechen." Begründen Sie die Lieferungsverzögerung mit einem Satz, der mit dem Wort „weil" beginnt und übernehmen Sie – wenn es den Tatsachen entspricht – selbst Verantwortung dafür. „Weil ich Ihre Bestellung versehentlich in eine falsche Mappe gelegt habe, kann die Auslieferung erst morgen erfolgen." Entschuldigen Sie sich für den Fehler, ohne sich vor Ihrem Gesprächspartner in den sprichwörtlichen Staub zu werfen: „Für diesen Fehler bitte ich Sie um Entschuldigung." Dann warten Sie erst einmal seine Reaktion ab.

Mit welchen rhetorischen Mitteln kann ich ein solches Gespräch zum positiven Abschluss bringen?

Entstehen Ihrem Gegenüber durch Ihren Fehler große Unannehmlichkeiten, gehen Sie lösungsorientiert vor: Fragen Sie ihn, welchen Weg Sie beide gemeinsam finden können, um den Schaden so weit wie möglich zu begrenzen. Wenn Sie den erforderlichen Entscheidungsspielraum haben, bieten Sie ihm ein Entgegenkommen als Entschädigung an: entweder einen Preisnachlass oder eine kleine Zusatzleistung als Geschenk. Viele Menschen werden auf diese Vorgehensweise positiv reagieren und Sie erhalten vielleicht trotzdem Ihre Geschäftsbeziehung aufrecht.

5. Wie Sie durch Ihre Sprache das Kopfkino anderer Menschen aktivieren

Sie sitzen bei schönem, warmem Wetter im Liegestuhl im Garten. Die Sonne streichelt die Haut in ihrem Gesicht. Genüsslich schließen Sie die Augen und atmen ein. In Ihre Nase steigt der Duft üppig blühender Rosen. Eine leichte Brise bringt die Blätter der Bäume zum Wispern. Das Summen von Insekten vermischt sich mit dem sanften Rauschen der Blätter. Plötzlich ertönt ein grässlicher Schrei aus dem Haus. Wie von der Tarantel gestochen springen Sie hoch. Über die Terrasse stürmen Sie ins Wohnzimmer. Sie gleiten in etwas Schmierigem aus und stolpern. Ihr Puls rast und Ihnen bleibt vor Schreck die Luft weg. Sie sind in eine tellergroße Blutlache auf dem Boden getreten ...

Na, wie fühlen Sie sich? Ich wette, Sie haben sich zunächst einlullen lassen. Durch die bildhafte Schilderung ist ein Film in Ihrem Kopf gestartet. Das, was Sie vor Ihrem inneren Auge gesehen haben, hat möglicherweise bestimmte Gefühle in Ihnen ausgelöst. Und das, obwohl Sie bei der Lektüre der kleinen, fiktiven Szene wussten, dass es sich um einen Textabschnitt in einem Buch handelt. Vereinfacht ausgedrückt, reagiert unser Denkapparat auf tatsächliche Erlebnisse und auf bloße Gedanken in ähnlicher Weise. Die gleichen Bereiche im Gehirn werden aktiviert und die daran geknüpften biochemischen Prozesse ausgelöst – bei Vorstellungen in etwas abgeschwächter Form. Wenn Sie sich eine Sache (z.B. ein Erlebnis aus der Vergangenheit oder eine „Zukunftsvision“) genau genug vorstellen, reagiert Ihr Körper mit entsprechender Hormonausschüttung. Und zwar angepasst daran, ob Sie an Ihr letztes romantisches Rendezvous oder an eine verpatzte Prüfung denken, die Ihnen auch im Nachhinein noch die Schamesröte ins Gesicht treibt. Genau diese Fähigkeit des menschlichen Gehirns können Sie sich für Ihre Texte und z.B. für Vorträge und Präsentationen zunutze machen.

Und darum geht es in diesem Kapitel: Um Techniken, mit denen Sie Ihrer Sprache besonderen Nachdruck verleihen können – wie Sie lebendig und anschaulich schreiben und reden.

Wie Sprache bildhaft wird

Bildhafte Sprache eignet sich für Romane und Geschichten – aber doch nicht für die geschäftliche Kommunikation, oder?

Gegenfrage: Aus welchem Grund sollte das, was Romane und Geschichten lebendig macht, schlecht für die Anwendung im Business sein? Gerade weil viele Geschäftsbriefe extrem trocken formuliert sind, bietet die bildhafte Sprache Ihnen eine Schatztruhe voller Möglichkeiten, sich mit Ihren Schreiben positiv davon abzuheben. Genau so ist es bei Fachvorträgen. Abstrakte Inhalte sind oft schwer verständlich – und deswegen ist eine zwischendurch erzählte zum Gesagten passende Geschichte ein belebendes Element. Ihre Inhalte werden mit der bildhaften Vorstellung verknüpft – und bleiben dadurch besser im Gedächtnis.
Es kommt auf die passende Verknüpfung von Fakten mit Emotionen an. Manche Unternehmen lassen deshalb extra eine bildhafte „Story" für sich entwickeln. Ein Beispiel ist „Herr Kaiser" von der Hamburg Mannheimer Versicherung. Episoden aus dessen fiktivem Leben wurden in den Werbemedien (z.B. in Fernsehspots) veröffentlicht und immer wieder kommuniziert. Wenn jemand eine Geschichte über Sie oder Ihre Firma hört, startet sein Kopfkino. Der Film, der nun in seinem Geist abläuft, wird fest mit der Firma verknüpft. Er wird sich erinnern – nach dem Motto: „Ach, das, die ..."

Welche sprachlichen Bilder wirken stärker: positive oder negative?

Sie können in Menschen durch bildhafte Sprache jegliche Art von Gefühlen auslösen. Dazu gehören „positive" Emotionen wie Freude, Neugierde und auch sexuelle Erregung (durch die Beschreibung erotischer Handlungen). In der Werbung wird dies genutzt – und zwar durch Worte und Abbildungen, z.B. in Spots, die im Fernsehen und im Kino gezeigt werden. Die Werbetreibenden erhoffen sich davon eine Verknüpfung der positiven Gefühle mit ihrem Angebot – und eine daraus folgende Kaufhandlung.
Gerade in der Wirkung dieser Verknüpfung liegt das Problem von „negativen" Emotionen wie Angst, Empörung oder Ekel (denken Sie nur an den Roman „Feuchtgebiete" von Charlotte Roche). Diese Gefühle haben eine heftige Wirkung und sorgen somit für eine tiefe Verankerung von Bildern im Gehirn. Rufen Sie starke negative Emotionen durch Ihre Werbung hervor, werden diese unbewusst mit dem Inhalt in Verbindung gebracht, den Sie übermitteln möchten (oder mit Ihrer Person bzw. Ihrer Firma). Ein reales Bild wirkt hier natürlich noch stärker als die rein sprachliche Umschreibung. Aber Vorsicht: Aufgrund der ausgeprägten Wirkung sollte dieses Mittel wohlüberlegt und -dosiert eingesetzt werden.
Ein Beispiel dafür, dass das Spiel mit negativen Gefühlen auch nach hinten losgehen kann, ist die missglückte Kampagne, in der die Firma Benetton mit einem sterben-

den AIDS-Kranken oder der blutbefleckten Uniform eines Soldaten Werbung für ihre Produkte machen wollte.

Wieso spielt uns unser Gehirn einen Streich, wenn wir uns negativ ausdrücken?

Jedes Mal, wenn Sie etwas denken, lesen, hören oder sagen, versucht Ihr Gehirn ein dazu passendes Bild zu erzeugen. Dies ist bei abstrakten Inhalten manchmal schwierig, doch einfach, sobald es um konkrete, erlebbare Dinge geht. Wenn Sie die Aufforderung lesen: „Denken Sie jetzt nicht an ein Nilpferd mit roten Gummistiefeln!“, sehen Sie genau dieses Tier vor Ihrem inneren Auge. Und das, obwohl Sie doch nicht daran denken sollten.

Für das Wort „nicht“ hat Ihr Gehirn kein Bild. Also wird das abgebildet, was Sie auf keinen Fall sehen wollten. Bei einer Negativformulierung mit „nicht“, „kein“ oder „verboten“ besteht deshalb die Gefahr, dass beim anderen genau das Gegenteil dessen hängen bleibt, was Sie eigentlich sagen wollten. Vielleicht erinnern Sie sich noch daran, was in Ihrer Kindheit passierte, als Ihnen Ihre Eltern am Frühstückstisch mit scharfer Stimme zuriefen, das Glas Kakao bloß nicht umzuwerfen?

Ein paar typische Sätze aus dem Berufsleben: „Auch nach der Auftragsabwicklung lassen wir Sie nicht im Stich.“ Oder: „Wir fordern keine überhöhten Preise.“

Zum Abschluss eine Frage: Welche Erwartung würden Sie jemandem entgegenbringen, der Ihnen in einer Verhandlungssituation sagt: „Ich will Sie ja nicht über den Tisch ziehen, aber ...“?

Was soll ich sagen oder schreiben, wenn ich eine Verneinung übermitteln möchte?

Drücken Sie sich nach Möglichkeit positiv aus – auch wenn wir selbstverständlich in der Lage sind, einen Satz zu verstehen, der ein „Nein“, „Nicht“ oder „Kein“ enthält. Insbesondere unter Stress besteht jedoch durch das „Trugbild“ im Kopf die Gefahr des Missverständnisses. Die positive Ausdrucksweise wirkt zudem viel freundlicher und verständlicher.

Einige Beispiele: Statt „Vergessen Sie nicht, den Rechner nach Gebrauch herunterzufahren“, sagen Sie: „Denken Sie bitte daran, den Rechner nach Gebrauch herunterzufahren.“ Oder statt „Herr Müller ist nicht da und ich weiß nicht, wann er wiederkommt“, beantworten Sie die Frage eines Anrufers mit: „Herr Müller ist unterwegs und hat mehrere auswärtige Termine. Sobald er zurückkommt, sage ich ihm, dass Sie angerufen haben.“

Wie kann ich einen Text oder Erzähltes besonders lebendig machen?

Beschreiben Sie Sinneseindrücke – das, was jemand in einer bestimmten Situation sieht, hört, riecht, schmeckt oder fühlt. Dadurch sprechen Sie beim Leser oder Zuhörer verschiedene Sinneskanäle an. Sie können sogar eine körperliche Reaktion erzeugen. Stellen Sie sich vor, dass Sie in eine Zitrone beißen und achten Sie nun genau auf Ihre Mundschleimhaut. Kann es sein, dass diese sich auf Zunge und Lippen leicht zusammengezogen hat – in Erwartung der Säure? Auch an diesem kleinen Experiment zeigt sich, dass es für unser Gehirn kein Unterschied ist, ob Sie tatsächlich eine Zitrone in der Hand halten (ihre knubbelige Schale mit Ihren Fingerspitzen fühlen und Ihren frischen Geruch riechen) – oder ob sich alles nur in Ihrem Geist abspielt.

Für welche Anlässe ist das Beschreiben von Sinneseindrücken geeignet?

Zum Beispiel für werbliche Texte, wenn Sie jemand den Erwerb eines Produktes besonders schmackhaft machen möchten. Oder in Situationen, in denen Sie einen Vortrag bzw. eine Präsentation halten. Und auch, wenn Sie eine Geschichte schreiben oder ein Erlebnis vom letzten Wochenende erzählen – die Anwendungsmöglichkeiten sind zahlreich.
Achten Sie einmal darauf: Auch in journalistischen Texten, wie z.B. in Reportagen und in Texten aus Public-Relations-Abteilungen, finden sich häufig Beschreibungen von Sinneseindrücken.

Und was mache ich, wenn ich ein Thema übermitteln möchte, in dem Sinneseindrücke keine Rolle spielen?

Nehmen wir an, Sie müssten entweder schriftlich oder mündlich trockene Sachinformationen übermitteln. Eine Möglichkeit, diese Inhalte aufzupeppen, sind sogenannte „Metaphern". Der Begriff stammt aus dem Griechischen und bedeutet „Übertragung". Die Metapher ist eine rhetorische Figur, bei der ein Begriff in einer übertragenen Bedeutung gebraucht wird. Zwischen seinem ursprünglichen Sinn und der neuen Anwendung besteht eine Ähnlichkeit.
Ein Beispiel: Ein Kollege erzählt Ihnen aufgebracht: „Die Meyer ist eine falsche Schlange. Pass bloß auf!" Was er mit den bildhaften Worten ausdrücken möchte, ist vielleicht: „Nimm dich in Acht – Frau Meyer handelt sehr strategisch."
Ein anderes Beispiel aus einem technischen Zusammenhang: Stellen wir uns vor, Sie wollten jemand den Unterschied zwischen Hoch-, Mittel- und Niederspannung erklären. Hochspannung erläutern Sie mit dem Begriff „Autobahn", Mittelspannung mit „Bundesstraße" und Niederspannung mit „Landstraße".

Also ist eine Metapher eine Art Vergleich?

Genau. Der bildhafte Vergleich unterscheidet sich von der Metapher nur durch das Wörtchen „wie". Der Satz „Er steht wie ein Felsen in der Brandung" ist ein Vergleich, die Formulierung „Er ist ein Felsen in der Brandung" eine Metapher.

Das Prinzip des Vergleichs und auch das der Metapher besteht in der Verknüpfung einer neuen Information mit einem dem Gegenüber bekannten Bild. Die bildhafte Sprache wirkt stärker und ist verständlicher, sodass sich Vergleiche und Metaphern sehr gut für die Kommunikation zwischen Experten und Laien eignen.

Wie finde ich passende Metaphern und Vergleiche für meine Inhalte?

Versuchen Sie, alle Einzelheiten und Aspekte zu erfassen, die mit Ihrem Anliegen bzw. Thema zusammenhängen. Diese Elemente sind das Ausgangsmaterial für Metaphern und Vergleiche. Im zweiten Schritt überlegen Sie, welche Dinge Ähnlichkeiten mit Ihrem Sachverhalt haben. Dabei beziehen Sie auch Gedanken ein, an wen genau sich Ihre Botschaft richtet. Welche Bilder sind diesen Menschen vertraut? Finden Sie Bilder, die Parallelen zu Ihrer Aussage haben, z.B. in Struktur oder Funktion.

Ideen für Metaphern bekommen Sie etwa, wenn Sie sich die Eigenschaften von Alltagsgegenständen anschauen. Ein Netz verbindet Punkte miteinander, fängt auf oder fängt ein. Es kann für Schnelligkeit und Effektivität stehen. Ein Bleistift ist spitz. Es ist möglich, erst mit ihm zu schreiben und dann die Schrift wieder wegzuradieren. Ein weicher Stift macht einen breiten Strich und ein harter einen dünnen, der sich bei Druck tief ins Blatt eingräbt ...

Und was ist mit Beispielen? Sie wirken doch auch lebendig, oder?

Stimmt. Beispiele sind eine hervorragende Möglichkeit, einen Text oder einen Vortrag verständlicher und interessanter zu machen. Und dabei haben Sie unendlich viele Gestaltungsmöglichkeiten. Warum müssen es immer „normale" Beispiele sein? Wie wäre es zwischendurch einmal mit einem skurrilen Beispiel, das einen Unterhaltungswert für Ihre Leser oder Ihr Publikum hat? Etwa, indem Sie fiktive Personen mit Namen von bekannten Schauspielern versehen – oder mit denen von Monstern aus Horrorfilmen. Oder Sie beschreiben eine Anwendungsmöglichkeit einer Software anhand lustiger Daten, die Sie in eine Tabelle eintragen. Wie Sie Ihre Beispiele gestalten, ist natürlich abhängig davon, wen Sie mit Ihrer Botschaft erreichen möchten. Romantisch veranlagte Liebesromanleserinnen reagieren sicher auf andere Beispiele positiv als die Mitglieder des Motorradclubs XY.

Von bildhafter Sprache zu Abbildungen & Illustrationen

Bildhafte Sprache – gut und schön. Doch was ist mit richtigen Abbildungen?

Wann immer Sie die Möglichkeiten haben, Ihren Text oder Ihren Vortrag mit passenden Bildern anzureichern, tun Sie es. Ein Bild sagt oft mehr als tausend Worte.

Doch Vorsicht: Setzen Sie Bilder möglichst sinnvoll ein – entweder als Strukturierungshilfe (z.B. unter jeder neuen Kapitelüberschrift) oder zur Verständnis-Erleichterung. Achten Sie bei der Auswahl Ihrer Abbildungen darauf, dass diese gut zu erkennen sind und möglichst nur einen Aspekt Ihrer Botschaft visualisieren. Abbildungen von Lebewesen (Personen und Tiere) sprechen die Gefühle stärker an als abstrakte, z.B. von Gebäuden oder Maschinenteilen. Wenn Sie ein Foto oder eine Zeichnung mit Erläuterungen ergänzen, sollten diese stichpunktartig und kurz sein.

Was ist, wenn ich selbst Zeichentalent habe?

Nur zu! Halten Sie z.B. einen Vortrag, können Zeichnungen am Flipchart oder auf einer Overheadfolie Ihre Inhalte beleben. Möchten Sie Ihr Talent zum Visualisieren ausbauen, kann auch ein Seminar oder ein Buch helfen. Zu empfehlen ist hier z.B. „Menschen grafisch visualisieren" von Stephan Ulrich, das ebenfalls in dieser Buchreihe erschienen ist. Darin erfahren Sie, wie Sie Personen mit wenigen Strichen visualisieren und wie Sie deren Handlungen und Beziehungen darstellen können.

Was kann passieren, wenn ich ohne Rückfrage Bilder von fremden Internetseiten verwende?

Damit verstoßen Sie gegen das Urheberrecht und begehen streng genommen einen Diebstahl geistigen Eigentums. Das gleiche gilt übrigens für die Eins-zu-eins-Übernahme von fremden Texten. Wenn Sie Pech haben, fliegt die unzulässige Verwendung auf. Und im Fall einer Abmahnung kann es richtig teuer und peinlich für Sie werden.

Welche legalen Bezugsquellen gibt es für Bilder?

Entweder engagieren Sie selbst einen Fotografen, Grafiker oder Illustrator. Dann erhalten Sie individuelle, passgenaue Abbildungen und Visualisierungen. Ein professioneller Dienstleister ist sicher lohnenswert, wenn es um Ihre Außendarstellung geht. Ob Sie für eine interne Anwendung, wie z.B. für ein Referat, entsprechende Honorare investieren möchten, ist eine andere Frage. Wollen Sie auf vorhandene Fotos und Illustrationen zurückgreifen, bieten sich Online-Bilddatenbanken an. Hier gibt es auf der einen Seite kostenlose Amateurangebote (z.B. „pixelio") und auf der anderen Seite kostenpflichtige Seiten wie „gettyimages" oder „fotolia" (letztere mit zum Teil sehr günstigen Fotos). In manchen Datenbanken werden inzwischen sogar Videos und Audioproduktionen angeboten, die Sie gegen Zahlung einer Gebühr verwenden können.

Ein Nachteil der sogenannten „Stock-Bilder“ (im Sinne von Stock = Vorrat) ist: Sie sind in gewisser Weise beliebig. Die abgebildeten Menschen wirken manchmal arg „geleckt“ und aalglatt.

Was ist bei Online-Bilddatenbanken zu beachten?

Bei den Datenbanken wird zwischen „lizenzfreien“ und „lizenzpflichtigen“ Angeboten unterschieden. Die lizenzfreien können Sie dauerhaft nutzen, die anderen nur für einen bestimmten Zeitraum oder eine bestimmte Anwendung. Die Preise für Abbildungen variieren zum Teil sehr stark – angefangen von einigen bis hin zu mehreren Tausend Euro. Der Preis ist unter anderem davon abhängig, wie bekannt der Fotograf oder Künstler ist und wie hochwertig bzw. aufwendig das kreative Produkt ist.

Recherchieren Sie am besten immer in mehreren Datenbanken. Bedenken Sie bei der Bildauswahl, dass Hinz und Kunz auf diese Quellen zurückgreifen können. Bei manchen Projekten ist es sicher einerlei, wenn auch andere Anbieter mit diesen Bildern arbeiten. Doch ärgerlich kann es werden, wenn Sie plötzlich feststellen, dass Ihr schärfster Wettbewerber die gleichen Fotos wie Sie in seinem Außenauftritt verwendet.

Nach welchen Gesichtspunkten stelle ich Abbildungen für ein Projekt zusammen?

Wenn Sie z.B. eine Präsentation halten, wäre es schön, wenn alle Abbildungen den gleichen Stil hätten. Das bedeutet: Es wird jeweils ein ähnlicher Ausschnitt gezeigt, alle Fotos sind vor dem gleichen Hintergrund erstellt oder es sind durchgängig Zeichnungen von einem Illustrator. Dies wird wahrscheinlich nicht immer möglich sein. Achten Sie aber darauf, dass die Abbildungen wenigstens ungefähr miteinander harmonieren.

6. Was verständliches Sprechen und Schreiben auszeichnet

Ein Mann betritt ein Fachgeschäft für Mobiltelefone. „Mein Handy ist kaputt – das war ein ganz altes Modell. Ich möchte ein neues kaufen. Möglichst einfach zu bedienen und ohne Vertrag." Die Augen der Verkäuferin blitzen auf. „Haben Sie schon mal daran gedacht, sich ein iPhone zuzulegen?" „Äh nein, bisher eigentlich nicht." Die Fachberaterin legt mit schnellem Handgriff ein Gerät auf den Tisch. „Das Erste, was Sie bei diesem Gerät bemerken werden, ist die wahnsinnige Schnelligkeit, mit der das iPhone Programme startet. Innerhalb von Sekunden haben Sie die aufgerufenen Webseiten auf dem Display. E-Mail-Anhänge können Sie in null Komma nichts öffnen. Optimierte Leistung, 32 GB Speicherplatz und ein verbesserter 3D-Grafikprozessor liefern außerdem eine unglaubliche Performance." „Kann ich mit dem Ding auch telefonieren?", fragt der Kunde, verabschiedet sich freundlich und verlässt den Laden ohne das iPhone.

Wenn Sie selbst in der Beratung oder im Verkauf tätig sind, ahnen Sie vielleicht, aus welchem Grund das Geschäft gescheitert ist. Die Verkäuferin ist nicht auf den Kunden eingegangen und hat sein Kaufinteresse mit ihrem „Fachchinesisch" erschlagen. In diesem Kapitel geht es um verständliches Sprechen und Schreiben – um Tipps, wie Sie komplexe Inhalte für Personen aufbereiten, die einen anderen fachlichen Hintergrund als Sie haben.

Was es bei „Fachchinesisch" zu beachten gilt

Was hat das Erklären schwieriger Sachverhalte mit dem Beruf des Dolmetschers zu tun?

Manche Fachsprachen sind für Laien ebenso schwer verständlich wie eine fremde Sprache. Stellen Sie sich vor, dass Sie in der Kantine mit Kollegen über ein technisches Problem fachsimpeln. Mit am Tisch sitzt eine Person aus einer anderen Abteilung. Dieser Mensch wird sich mit hoher Wahrscheinlichkeit vorkommen wie auf einer Auslandsreise. Er versteht zwar immer wieder einzelne Gesprächsbrocken, doch diese kann er nicht zu einem stimmigen Bild zusammensetzen. Möchten Sie von Fachfremden verstanden werden, müssen Sie Ihre Fachsprache wie ein Dolmetscher in normales Deutsch übersetzen.

Das bedeutet also, dass ich einen Laien mit einem ausländischen Besucher vergleichen könnte?

Ganz genau. Sie und Ihr Gesprächspartner haben vielleicht eine gemeinsame Muttersprache – Deutsch –, verfügen aber innerhalb dieser Sprache über einen unterschiedlichen Wortschatz.
Je kleiner die Schnittmenge gemeinsamer Begriffe ist, desto schwieriger wird die Kommunikation. Vor einer ähnlichen Herausforderung stehen Sie, wenn Sie z.B. Besuch von einer russischen Freundin mit rudimentären Deutschkenntnissen bekommen. Bevor Sie etwas sagen, überlegen Sie genau: Welche Wörter kennt Ihre Freundin – und welche nicht? In Bruchteilen von Sekunden analysieren Sie dazu das, was sie in gebrochenem Deutsch von sich gegeben hat. Sie sprechen langsam und wählen möglichst einfache Begriffe. Vielleicht nehmen Sie auch Hände und Füße oder ein Blatt Papier mit Zeichenstift zur Hilfe, um sich verständlich zu machen. Während Sie sprechen, beobachten Sie Gestik und Mimik Ihrer Besucherin. Lächelt sie hilflos und zuckt mit den Schultern? Oder blitzt es in ihren Augen auf? Nickt sie oder schüttelt sie den Kopf?
In Abhängigkeit von den Signalen, die Ihnen die Freundin übermittelt, gestalten Sie Ihre Kommunikation. Und dieses Prinzip funktioniert zu hundert Prozent auch bei fachlichen Laien!

Ich werde als Experte doch nur erst genommen, wenn ich bestimmte Fachbegriffe verwende, oder?

Es kommt immer darauf an, mit wem Sie kommunizieren. Wenn Sie mit Gleichgesinnten (z.B. mit Kollegen oder anderen Fachleuten) sprechen, erleichtert die Fachsprache die Kommunikation. Halten Sie etwa einen Vortrag vor anderen Experten Ihres Faches oder veröffentlichen Sie einen Beitrag in einem wissenschaftlichen Fachmagazin, sind Sie mit Ihrer Fachsprache gut bedient. Würden Sie Dinge zu einfach ausdrücken, verstießen Sie damit gegen den üblichen Sprachcode (= Fachchinesisch) und würden tatsächlich nicht ernst genommen. Ganz anders sieht es aus, wenn Sie mit Laien sprechen. In diesem Fall ist Übersetzungsarbeit gefragt. Laien erreichen Sie mit Ihrer Botschaft nur, sofern Sie verständlich sprechen.

Wenn ich mit jemandem spreche, der Laie auf meinem Gebiet ist: Reicht es, wenn ich mein Angebot auch nur ungefähr kenne?

Sie sollten Ihr Angebot, seine Vor- und Nachteile sowie die Produkte des Wettbewerbs bestens kennen. Ihr Kunde soll Sie schließlich als fachkundigen Experten wahrnehmen, der ihn gut beraten kann. Um dies zu erreichen, gibt es jedoch bessere Methoden als den verstärkten Gebrauch von Fachsprache. Ihre Aufgabe besteht darin, den Kenntnisstand Ihres Gegenübers einzuschätzen und Ihr Wissen für Ihren Gesprächspartner zu übersetzen. Gelingt Ihnen das, sind Sie glaub- und vertrauenswürdig – auch für Laien.

Über Verstehen und Verständlichkeit

Was passiert auf der psychologischen Ebene, wenn ein Mensch Schwierigkeiten hat, den Erläuterungen eines anderen zu folgen?

Während der Experte vielleicht seine Fachkompetenz als Berater oder Verkäufer zeigen möchte, kommt sich der Laie dumm vor. Er fühlt sich unterlegen und ärgert sich über das „unverständliche Gequatsche" des anderen. Als Folge wird der Laie den Experten unsympathisch finden und schließlich ihn und sein Angebot ablehnen – eine denkbar schlechte Basis für eine Geschäftsbeziehung.
Doch selbst wenn innerhalb einer solchen Konstellation z.B. ein Kauf zustande kommt: Kann der Kunde die erworbene Technologie nicht bedienen, ist er unzufrieden. Möglicherweise wird er das Produkt umtauschen, weil es ihm zu kompliziert erscheint ... Und dann ein anderes bei einem anderen Anbieter kaufen.

Woran erkenne ich, ob ein anderer meinen Erläuterungen folgen kann oder nicht?

Wissenschaftler haben Kriterien für den erfolgreichen Verstehensprozess festgesetzt: Der andere muss in die Lage versetzt werden, das Gehörte wiederzugeben und seinen Inhalt zusammenzufassen. Er muss die Informationen in eigenen Worten an andere übermitteln können. Und er muss Fragen zum Sachverhalt richtig beantworten können. Darüber hinaus muss er fähig sein, ggf. übermittelte Anweisungen richtig auszuführen.

Wie soll ich das denn herausfinden?

Die meisten Menschen versuchen Verständnisprobleme zu überspielen; nachzufragen ist ihnen peinlich. Trotzdem gibt es einige Signale, die auf eine Verständnisbarriere hindeuten können: Hat Ihr Gegenüber vielleicht einen glasigen Blick? Schaut er in der Gegend herum statt zu Ihnen? Rutscht er unruhig auf seinem Stuhl hin und her? Oder sagt er (unablässig nickend) mit monotoner Stimme: „Nee, ist klar" oder „Ah ja"? Dieses sind Alarmzeichen. Stoppen Sie Ihren Redefluss sofort, denn Sie müssen Ihre Erklärstrategie ändern.

Und wenn ich einfach direkt frage: „Haben Sie das verstanden?“

Wenn Sie jemand gut kennen und einen guten Draht zu ihm oder ihr haben, können Sie manchmal eine direkte Nachfrage riskieren. Doch kann genau diese Frage zu Ärger beim anderen führen, was ungünstig für den weiteren Verlauf Ihrer Geschäftsbeziehung ist.

Geschickter wäre es, diese Frage besser zu verpacken. Sagen Sie: „Es ist mir sehr wichtig, dass Sie meinen Erläuterungen folgen können. Und damit wir beide von den gleichen Voraussetzungen ausgehen, bitte ich Sie, das von mir Gesagte noch einmal in eigenen Worten wiederzugeben.“ So erläutern Sie den Grund Ihrer Nachfrage und Ihr Gesprächspartner bleibt entspannt.

Auf die Frage „Was genau haben Sie denn nicht verstanden?“ bekomme ich keine klare Antwort. Wieso nicht?

Kaum jemand kann erklären, was er nicht verstanden hat. Wenn Verwirrung auf Seiten Ihres Gesprächspartners herrscht, müssen Sie die Inhalte für ihn strukturieren. Drücken Sie Ihre Frage positiv aus, indem Sie fragen, welche Punkte er bereits verstanden hat. Dann können Sie zielgerichtet an seinen Wissenslücken anknüpfen.

Es passiert mir oft, dass Kunden, denen ich etwas erklären soll, nach kurzer Zeit „auf Durchzug“ schalten. Woran könnte das liegen?

Möglicherweise überfordern Sie Ihre Gesprächspartner, indem Sie zu lange am Stück sprechen. Splitten Sie Ihre Inhalte in kleinere Häppchen auf und beziehen Sie den Kunden immer wieder ein – z.B. durch Rückfragen oder eine Aufforderung, das von Ihnen Übermittelte praktisch umzusetzen. Auch kleine Zeichnungen oder andere Visualisierungen machen Ihre schwere Kost leichter „verdaulich“ für den anderen.

Es könnte aber auch sein, dass Ihre Stimme einschläfernd wirkt, weil Sie zu wenig modulieren. Holen Sie sich ggf. Unterstützung durch ein gezieltes Stimmtraining. Mit unterschiedlicher Sprechgeschwindigkeit, lauter und leiser Stimme sowie Betonungen können Sie Ihren Erläuterungen mehr Dynamik verleihen und Inhalte auch hörbar strukturieren.

Je mehr Informationen der andere bekommt, desto einfacher müsste es doch für ihn sein, die Materie zu durchdringen. Stimmt das?

So mancher Mensch vom Fach begeht in der Kommunikation mit Laien einen zentralen Fehler: Er holt in seinen Erklärungen weit aus und gibt ungefragt so viele Informationen wie möglich. Ein häufiges Ergebnis dieser Strategie: Der Gesprächspartner schaltet frustriert ab. Aus diesem Grund ist beim Erklären schwieriger Inhalte weniger mehr. Geben Sie Ihrem Gegenüber zunächst nur die Hinweise, die er für seine spezielle Fragestellung benötigt. Andernfalls riskieren Sie nämlich, dass er keine Lust mehr hat, Ihnen zuzuhören. Nur wenn er nachfragt, holen Sie weiter aus.

Sachverhalte werden doch ungenau, wenn ich sie vereinfache, oder?

Bei juristischen oder technischen Fragestellungen birgt eine Vereinfachung immer das Risiko einer gewissen Unschärfe. Doch was ist Ihnen lieber: Dass Ihr Gesprächspartner wenigstens etwas von Ihrer Botschaft versteht oder dass er komplett ratlos bleibt, weil er Ihre fachlich korrekte Ausdrucksweise nicht versteht?

Inwieweit erhöht Begriffsvielfalt die Verständlichkeit von Erklärungen?

Um einen Text oder Gesagtes lebendig zu gestalten, greifen Verfasser oft zu Synonymen – zu Wörtern gleicher oder ähnlicher Bedeutung. In Bedienungsanleitungen oder technischen Dokumentationen sind diese Ersatzbegriffe jedoch fehl am Platz. Legen Sie sich auf eindeutige Bezeichnungen fest und verwenden Sie diese durchgängig – in Texten und auch bei mündlichen Erklärungen, z.B. am Telefon, wenn Sie keine Möglichkeit haben, direkt auf etwas zu zeigen.

Schwieriges leichter verdaulich machen

Wie erkläre ich einen Sachverhalt, der komplett neu für den anderen ist?

Wenn Sie Unbekanntes mit Unbekanntem erklären, ist das so, als ließen Sie Ihren Gesprächspartner eine Gleichung mit lauter unbekannten Variablen lösen. An dieser Aufgabe muss er zwangsläufig scheitern. Verknüpfen Sie Neues stattdessen mit Gewohntem und Bekanntem.
Ein Beispiel aus dem Softwarebereich: „Ein User ist wie eine Eintrittskarte. Sie können eine Tages-, eine Monats- oder eine Jahreskarte erwerben. Nach Ablauf der Karte müssen Sie eine neue beantragen."

Wie transportiere ich besonders umfangreiche Inhalte?

Indem Sie Ihre Informationen strukturieren und in kleine Einzelhäppchen aufteilen. Bei mündlicher Sprache geschieht dies durch Sprechpausen, in denen Sie Ihren Zuhörern Zeit geben, das von Ihnen Gesagte gedanklich zu verarbeiten. Einen Text gliedern Sie am besten durch Abschnitte und Zwischenüberschriften. Bündeln Sie Informationen, indem Sie Gleiches zu Gleichem packen. Kommen Sie vom Allgemeinen zum Speziellen.

Hilfreiche Fragen, um einen Prozess darzustellen: Wie ist die Ausgangssituation? Was soll gemacht werden? Was passiert als erstes, was ist zeitlich gesehen der nächste Schritt und was folgt dann? Welches sind die (Zwischen-)Ergebnisse der einzelnen Schritte? Was folgt daraus? Worin liegen die Vorteile des Verfahrens?

Mit welchen Elementen kann ich trockene Informationen auflockern?

Indem Sie z.B. abwechslungsreiche Beispiele einbauen. Nehmen wir an, Sie müssten die Funktionsweise einer Tabelle erläutern. Wie wäre es, statt „Max Mustermann" eine „Daisy Duck", einen „Freddy Krüger" oder eine „Angelina Jolie" einzufügen? Skurrile Anwendungsbeispiele haben einen Unterhaltungswert und sorgen für positive Stimmung bei Zuhörern oder Lesern. Und in positiver Stimmung nimmt ein Mensch leichter Informationen auf, als wenn er sich gelangweilt durch abstrakte Materie quält. Auch kleine Zeichnungen, Abbildungen und andere Visualisierungen wirken auflockernd.
Doch Achtung: Eine Visualisierung sollte immer einen Zweck haben und nicht nur aus Unterhaltungsgründen eingesetzt werden. Das gleiche gilt für Animationen bei Präsentationen. Übertreiben Sie es damit, lenken Sie vom Inhalt Ihres Vortrags ab.

Wie bereite ich meine Informationen lernpsychologisch auf?

Ergänzen Sie das gesprochene Wort durch Abbildungen, erreichen Sie eine höhere Behaltensquote als ohne Visualisierungen. Mit etwas Fantasie fällt Ihnen vielleicht noch etwas ein, um den Tastsinn Ihres Publikums anzusprechen – etwa, indem Sie einen zum Thema passenden Gegenstand herumreichen. Am schnellsten lernen wir, wenn wir etwas selbst tun. Aus diesem Grund stellen manche Lehrer oder Trainer nach einer Theoriephase eine Aufgabe, in der das übermittelte Wissen sofort von den Teilnehmern angewendet wird.

Wie vermittele ich Laien Zahlen und andere abstrakte Werte?

Bei Zahlen und Werten geht es für Sie darum, sie mit etwas Konkretem aus der Erlebenswelt Ihres Gesprächspartners bzw. Lesers zu verknüpfen. Kennen Sie Ihr Gegenüber oder Ihre Zielgruppe nicht genau, können Alter, Geschlecht, Berufsgruppe, Bildungshintergrund etc. wertvolle Hinweise liefern. Sind Sie unsicher, stellen Sie dem anderen einige offene Fragen, um mehr über ihn zu erfahren.
Stellen wir uns nun vor, Sie hätten eine fußballbegeisterte Person vor sich, der Sie die Größe eines bestimmten Gebietes vermitteln möchten. Dann könnten Sie sagen: „Die Fläche ist ungefähr so groß wie vier Fußballfelder." Andere Varianten sind: „Übereinander gelegt, entspräche das in etwa der Höhe des Kölner Doms." Oder: „Die Streckenlänge beträgt rund 41.000 km – also die Erde einmal umrundet."

Wie kann ich Geldbeiträge durch Formulierungen besonders hoch oder niedrig erscheinen lassen?

Möchten Sie eine Summe als besonders hoch erscheinen lassen, multiplizieren Sie die Zahl, indem Sie z.B. auf ein Jahr hochrechnen.
Beispiel: Sie möchten demonstrieren, wie viel Gewinn ein Kunde voraussichtlich mit einer Maschine macht. „Die Maschine ist so produktiv, dass Sie damit über zwölf Monate den kompletten Jahreslohn für einen Mitarbeiter aus der Fertigung erwirtschaften – also ca. € 35.000. In drei Jahren sind das schon über € 100.000. Und schon hat sich Ihre Investition amortisiert."
Um zu zeigen, wie gering ein Betrag ist, rechnen Sie aus der Gesamtsumme z.B. die Kosten pro Tag aus: „Das ist nur ein Euro pro Tag!" Ob Sie allerdings mit solchen „Tricks" arbeiten möchten, steht auf einem anderen Blatt.

Und nun einmal anders herum: Wie soll ich mich auf einen Gesprächspartner einstellen, den ich nicht verstehe?

Etwas nicht zu verstehen, ist den meisten Menschen peinlich. Sie versuchen so gut wie möglich, ihre Wissenslücken zu vertuschen. Das ist nachvollziehbar, denn wer steht schon gerne als unwissend da?
Und trotzdem ist es so: Reden Sie beide in verschiedenen Sprachen, ist die Verständigung schwierig. Außerdem wirkt sich das Aneinander-Vorbeireden auf die Beziehung zu Ihrem Gegenüber aus. Er geht vielleicht davon aus, dass Sie seinen Worten folgen können und gibt immer mehr für Sie unverständliche Informationen. Und Sie ärgern sich über das fortdauernde Technolatein. Irgendwann ist ein Punkt erreicht, an dem das Gespräch zwangsläufig stockt oder abgebrochen wird – entweder von Ihnen selbst oder von Ihrem Gegenüber.
Möchten Sie das sprachliche Glatteis verlassen, hilft nur die Offenheit – etwa durch eine Formulierung wie: „Ich möchte das, was Sie sagen, genau nachvollziehen können. Ich habe jedoch einen anderen fachlichen Hintergrund als Sie. Deshalb wäre es freundlich von Ihnen, wenn Sie die Fachbegriffe näher erläutern würden."

7. Wie Sie einfach überzeugend argumentieren

Sebastian S. arbeitet schon lange zu gleichen Konditionen für seine Firma. Seine Kollegin hat vor einigen Monaten eine Gehaltserhöhung bekommen und eine Beförderung in Aussicht. Und das, obwohl sie beide gleichgestellt waren. Nun möchte er nachziehen. „Fassen Sie sich kurz, Herr S. Ich habe gleich einen wichtigen Termin“, eröffnet die Vorgesetzte das Gespräch. Sebastian S. ist verunsichert. Er stammelt: „Ich wollte nach einer Gehaltserhöhung fragen. Schließlich hat die Frau B. auch eine bekommen. Und ich bin schon sehr lange für die Firma tätig.“ Die Chefin lehnt sich vor. Ihre Augen sind zu schmalen Schlitzen geworden, aus denen sie ihn kalt anblickt. „Jeder bekommt hier das, was er verdient. Ist die Frage damit beantwortet? Und jetzt entschuldigen Sie mich bitte.“ Sie steht auf. Mit hängenden Schultern verlässt er den Schauplatz seiner Niederlage. So eine Hexe!

Das Gespräch ist ungünstig für Sebastian S. gelaufen – aus mehreren Gründen. Mit der richtigen Strategie hätte die Verhandlung anders für ihn ausgehen können. Doch zum Überzeugungsprozess gehört mehr als nur die passende Formulierung. Deshalb geht es in diesem Kapitel zunächst um Ihre innere Einstellung – sich selbst gegenüber und auch mit Blick auf die Aufgabe, andere für ein Anliegen, ein Produkt oder sich selbst zu gewinnen. Im Anschluss befassen wir uns mit Formulierungen für verschiedene Situationen und Anlässe, die eines gemeinsam haben: Sie drehen sich um das Ziel, eine oder mehrere Personen zu überzeugen und zur erwünschten Handlung zu veranlassen.

Andere von sich überzeugen

Inwiefern benötige ich eine bestimmte innere Einstellung, um überzeugend zu sein?

Auf die Frage, welche positiven Eigenschaften und Fähigkeiten sie haben, fällt vielen Menschen erstaunlich wenig ein. Sehr lang ist die Liste allerdings, wenn es um Schwächen und Makel der eigenen Person geht. Doch dieser ausschließlich kritische Blick erzeugt schlechte Stimmung und frisst Energie – insbesondere dann, wenn Sie sich über Eigenschaften grämen, die Sie nicht ändern können.

Soll ich meine Schwächen einfach akzeptieren?

Nein – denn natürlich ist es sinnvoll, sich weiterzuentwickeln und die eigenen Schwächen anzugehen. Wenn Sie ein destruktives Verhalten oder eine Eigenschaft mit vertretbarem Aufwand verbessern können – nur zu. Doch sollten Sie immer noch genügend Kraft dafür übrig haben, Ihre bereits vorhandenen Stärken (= das, wofür andere Sie mögen) auszubauen. Dazu müssen Sie natürlich erst einmal wissen, wo genau diese liegen.

Falls Ihre Positiv-Liste verdächtig wenige Punkte umfasst, können vielleicht folgende Fragen weiterhelfen: Was macht Ihnen in Ihrem Beruf oder in Ihrem Fachgebiet am meisten Freude? Inwieweit verfolgen Sie ein privates Hobby oder ein besonderes Interesse, womit Sie viel Zeit verbringen? Welche positiven Rückmeldungen haben Sie von anderen bekommen? In welchen Kommunikationssituationen (z.B. Gruppendiskussion, Einzelgespräch, Smalltalk ...) fühlen Sie sich in „Ihrem“ Element? Denn oft liegen die Stärken eines Menschen in dem, was ihm besonderen Spaß macht – was ihm ein begeistertes Leuchten in die Augen treibt.

Manchmal möchte ich mich lieber in mein Schneckenhaus verkriechen, statt Menschen zu überzeugen. Was nun?

An den Tagen, an denen Sie sich schlecht fühlen, weil Sie schon beim ersten Blick in den Spiegel den dicken Pickel auf Ihrer Nase sehen – zwingen Sie sich bewusst dazu, an schöne Dinge zu denken. Rufen Sie sich vergangene Erfolge und angenehme private Situationen ins Gedächtnis. Sie werden nach kurzer Zeit merken, dass es Ihnen dann auch in schlechten Zeiten leichter fällt, sich selbst mehr zu mögen. Das nämlich ist die wichtigste Voraussetzung für mehr Überzeugungskraft. Oder, wenn möglich, verschieben Sie Aufgaben, für die Sie eine mitreißende Ausstrahlung benötigen, auf einen anderen Tag.

Was ist, wenn ich keine Lust habe, mich selbst zu beweihräuchern, wie manche Angeber?

Das ist verständlich und nachvollziehbar. Denn platte Selbstdarstellungen wie „Ich bin so wichtig für mein Unternehmen, dass ich als Firmenwagen einen Porsche mit integriertem DVD-Player fahre. Abteilungsleiter bin ich in Rekordzeit geworden – und ich arbeite im Schnitt 15 Stunden am Tag. Leider komme ich kaum zum Golf spielen!“, sind leider oft zu hören, wenn es darum geht, sich vor Kollegen, Geschäftspartnern oder beim anderen Geschlecht in Szene zu setzen. Lassen Sie sich hiervon nicht zu sehr beeindrucken und entwickeln Sie einen Stil der Selbstdarstellung, mit dem Sie sich wohlfühlen.

Einen sympathischen Eindruck erwecken – das ist leichter gesagt als getan. Welche Möglichkeiten habe ich?

Wenn Sie im Privatleben oder in einer alltäglichen beruflichen Situation (Beispiel: Kantinengespräch) bei anderen einen sympathischen und kompetenten Eindruck hinterlassen möchten, empfiehlt sich das Motto: „Reden ist Silber – Zuhören ist Gold.“ Erzählen Sie einem neuen Gesprächspartner unaufgefordert nur wenig von sich selbst – und stellen Sie ihm dann eine Frage zu seiner Person. So verhindern Sie, dass er oder sie sich langweilt – und können an seiner Antwort ablesen, ob er wirklich Interesse an einer Unterhaltung mit Ihnen hat. In der Regel fühlt sich Ihr Gegenüber durch die Nachfrage geschmeichelt und bringt Ihnen mehr Sympathie entgegen, als wenn Sie ihm sofort Ihr Haus, Ihr Auto und Ihr Boot präsentieren.

Und wie zeige ich in beruflichen Zusammenhängen meine Fachkompetenz?

Auch bei der Demonstration fachlicher Kompetenz ist die Fragemethode der elegantere Weg. Liefern Sie einen kurzen Informationsbeitrag und stellen Sie dann eine gezielte fachbezogene Frage, die nur ein Spezialist stellen (und beantworten) kann. Die meisten intelligenten und sensiblen Menschen ziehen daraus den Schluss, dass es sich bei Ihnen um einen solchen Experten handelt.
Beispiel: Es geht um eine neue Software. Sie schildern kurz deren Hauptvorteil und fragen Ihr Gegenüber, welche Erfahrungen er mit einer bestimmten Spezialanwendung gemacht hat. Wenn er sich trotzdem unbeeindruckt zeigt, laden Sie ihn zu einer kleinen Spritztour mit Ihrem Firmenwagen ein: einem Porsche mit integriertem DVD-Player.

Und wie überzeuge ich jemand davon, dass ich genau der Richtige für ihn bin?

Das Sprichwort „Mit Honig fängt man Fliegen“ lässt sich auf Menschen übertragen. Wenn es darum geht, jemanden zu einer bestimmten Handlung zu motivieren oder von Ihren Stärken zu überzeugen, greifen ähnliche Mechanismen wie bei der Fliege: Wenn die von Ihnen präsentierten Lockmittel (= Ihre Stärken oder Ihre Argumente) nicht den Vorstellungen des Gegenübers entsprechen, werden Sie es schwer haben, ihn für sich und Ihren Wunsch bzw. Ihr Angebot zu gewinnen. Sie sollten also möglichst einen Bezug zur Perspektive Ihres Gegenübers herstellen und Ihre Selbstdarstellung daran anpassen. Doch achten Sie darauf, dass Sie sich dabei selbst treu bleiben.

Was bedeutet das für meine Selbstdarstellung in Bewerbungen?

Welche Stärken Sie z.B. im Anschreiben und in Ihrem Lebenslauf präsentieren, hängt von den Bedürfnissen des Unternehmens und Ihrer Gesprächspartner/innen ab. Wenn Ihre neue Chefin ein Organisationstalent sucht, sind Ihre im Ausland erworbenen Russischkenntnisse für diese Stelle zunächst weniger relevant. Informationen über Anforderungen an eine/n Stelleninhaber/in gehen zum Teil aus der Ausschreibung hervor (z.B. Anzeige). Manchmal ist dort eine Telefonnummer für weitere Informationen angegeben. Nutzen Sie diese Chance! So erfahren Sie wichtige Fakten, die Ihnen bei der Vorbereitung des Gesprächs helfen.

Wie zeige ich beim Vorstellungsgespräch meine Eignung für den Job?

Dieses Muster lässt sich direkt auf den Vorstellungstermin übertragen. Um Ihr Gegenüber durch eine auf seine Bedürfnisse zugeschnittene Argumentation zu überzeugen, sind drei Vorüberlegungen Ihrerseits erforderlich:

1. **Welche Wünsche und Vorstellungen hat Ihr Gegenüber vermutlich?**
   Beispiel: Die Firma sucht eine Führungskraft, die stark im Projektmanagement und im Umgang mit Mitarbeitern ist.
2. **Welche Stärken oder Qualifikationen haben Sie, die Sie ihm als Erfüllung genau dieses Wunsches präsentieren können?**
   Sie sind ein Mensch, der für seine Entscheidungen geradesteht, der geschickt mit Mitarbeitern umgehen kann und der bei komplexen Anforderungen den Überblick und die Ruhe behält.
3. **Ihre Argumentation lautet** „In meiner jetzigen Firma leite ich die komplette Büroorganisation und habe fünf Mitarbeiter. Bei mir laufen alle Fäden zusammen, deshalb kommt es besonders darauf an, den Überblick zu behalten und die einzelnen Tätigkeiten des Mitarbeiterteams sinnvoll zu koordinieren." Sie schildern also ausgewählte Fakten aus Ihrem jetzigen Arbeitsalltag, die einen Rückschluss auf Ihre Stärken nahelegen – und zwar genau die, die vom Gegenüber gewünscht sind.

Bei welchen Formulierungen eines potenziellen Arbeitgebers sollte ich wachsam sein?

Die betonte Verwendung von Personalpronomina wird manchmal aus strategischen Gründen in Vorstellungsgesprächen eingesetzt, um dem Bewerber ein positives Gefühl zu vermitteln. Der Personalverantwortliche spricht nicht mehr von den Stellenanforderungen, sondern beschreibt, wie der Bewerber später seinen Job ausführen wird. „Sie haben die Verantwortung für Bereich X. Dort können Sie Ihre Kenntnisse in ... einbringen." Das Kopfkino des Anwärters wird aktiviert. Er sieht genau vor sich, was er in dieser Firma alles tun wird. „Den Job habe ich sicher!", glaubt er. Wer sich davon einlullen lässt, wird manchmal enttäuscht: Nämlich dann, wenn ein DIN-A4-Umschlag mit einer Absage im Briefkasten steckt.

Wie unterscheide ich im Vorstellungsgespräch wirkliches Interesse von Floskeln?

Wenn Ihre Gesprächspartner Ihnen viele Fragen stellen und Interesse an Ihrer Person signalisieren, ist dies ein gutes Zeichen. Weiter ist wichtig, dass über das Thema „Gehalt", „Arbeitslohn" oder „Honorar" geredet wird. Je verbindlicher das Gespräch abgeschlossen wird, desto besser. Verbindlich bedeutet, dass konkrete Termine genannt werden, bis zu denen die nächsten Schritte im Bewerbungsverfahren eingeleitet sind. Wird Ihre Vorstellung nach kurzer Zeit ohne Gehaltsfrage unterbrochen und das Gespräch mit einem „Wir werden uns bei Ihnen melden" beendet, rechnen Sie besser mit einer Absage.

In Verhandlungen und anderen schwierigen Situationen überzeugen

Wie hole ich als Vorgesetzter meine Mitarbeiter für ein unbeliebtes Projekt „ins Boot"?

Auf Basis der Freiwilligkeit wird niemand „einfach so" Ihrem Wunsch folgen. Es sei denn, der Mitarbeiter ist Ihnen sehr zugetan und ergeben. Um sprachlich Nähe zu Ihren Leuten aufzubauen und ein Gemeinschaftsgefühl zu erzeugen, haben Sie verschiedene Möglichkeiten. Mancher Chef setzt beim Formulieren seines Anliegens die eigene Denkweise voraus. Er spricht unternehmerisch: Ein wichtiger Kunde muss zufrieden gestellt werden, damit er dem Unternehmen erhalten bleibt. Bei allem Verständnis für die Belange der Firma bedeutet die zusätzliche Arbeit für die Mitarbeiter Verzicht auf Freizeit. Gehen Sie daher nur kurz auf das Thema „Arbeitsplätze sichern" ein und rücken Sie lieber eine angemessene Entschädigung in den Blick. Wichtig: Benennen Sie die Belohnung konkret!

Wenn ich meinen Leuten die Wichtigkeit meines Anliegens vor Augen führe, schalten sie auf Durchzug. Was kann ich tun?

Auch hier kommt es auf den Perspektivwechsel an. Zunächst der falsche Weg: „Das Projekt ist so wichtig, weil sich das Unternehmen in verstärktem Maße dem internationalen Wettbewerb stellen muss. Deshalb ist die Mitwirkung aller Mitarbeiter erforderlich." Wer auf diese Weise Interesse und Mitmach-Motivation wecken möchte, darf sich auf gelangweilte Blicke gefasst machen. Besser ist es, gemeinsame Interessen in den Fokus der Aufmerksamkeit zu stellen. „Das Projekt ist für **uns** so wichtig, weil **wir als teamorientiertes Unternehmen uns** dem Wettbewerb aus Billiglohnländern stellen müssen. Das schaffen **wir** nur dann, wenn wir **alle an einem Strang ziehen** und uns **gemeinsam** in diesem Projekt engagieren."

Sprache scheint eine scharfe Waffe zu sein ...

Von zentraler Bedeutung sind bei der Verwendung rhetorischer Mittel Ihre Wertvorstellungen. Setzen Sie Ihre Sprache nur als strategisches Manipulationsinstrument ein, zerschlagen Sie damit zwischenmenschliches Porzellan. Sie wirken unsympathisch und unglaubwürdig. Mit Herz und Ehrlichkeit trägt die geschickte Ausdrucksweise dazu bei, dass Ihr Anliegen auf fruchtbaren Boden fällt.

Mit der Verhandlungsführung tue ich mich schwer. Einige Geschäfte habe ich schon verpatzt. Was könnte die Ursache sein?

Die Durchsetzung eines Anliegens hängt oft von der Qualität der Verhandlungsführung ab. Der erste Fehler liegt häufig in der grundlegenden Einstellung zum Verhandlungsgespräch: „Ich muss einfach mal mit dem Chef über die Ausweitung meines Kompetenzbereichs reden." Sicher ist ein freundliches Gespräch zwischendurch angenehmer als ein Verhandlungstermin. Doch in einer netten Plauderei werden Sie Ihren Vorgesetzten kaum davon überzeugen, dass er Ihren Wunsch erfüllt. Vereinbaren Sie einen Termin und nennen Sie einen Teil Ihres Anliegens direkt: ein Treffen, um über die Ausweitung Ihres Kompetenzbereichs zu sprechen.

Wenn der Chef vorher weiß, dass ich eine Gehaltserhöhung haben möchte, kann er mich leichter abwimmeln. Oder?

Müssen Sie das wirklich fürchten? Das wäre ein Gedanke aus einer Position der Schwäche. Rüsten auch Sie sich gut für die Verhandlung, indem Sie vorher Argumente und mögliche Gegenargumente Ihres Verhandlungspartners sammeln. Arbeiten Sie Vorteile aus, die Sie dem anderen präsentieren, damit er Ihrem Anliegen nachkommt. Überlegen Sie sich eine Alternative für den Fall seiner Ablehnung. Oft ist es für das Gedächtnis hilfreich, diese Punkte vorab schriftlich auszuarbeiten. Dann haben Sie auch unter Stress einen besseren geistigen Zugriff darauf.

Was mache ich, wenn ich z.B. unbedingt einen bestimmten Umsatz erreichen muss, weil ich sonst meinen Job gefährde?

Wie stark Sie verhandeln, hängt unter anderem von Ihrem Umgang mit Druck ab. Wer sich selbst unter Erfolgszwang setzt und sich an der Erreichung eines Ziels festbeißt, verhandelt verkrampft und riskiert eine Niederlage. Dies ist auch die Ursache für folgendes Phänomen: Viele wegen Erfolglosigkeit gekündigte Verkäufer machen Rekordumsätze, nachdem sie das Kündigungsschreiben erhalten haben. Sie wissen: Bis zum Ausscheiden aus dem Unternehmen ist der Druck weg. Plötzlich klappt es und sie machen einen Abschluss nach dem anderen.

Um also auch unter extremer Anspannung souverän zu bleiben, überlegen Sie sich vor dem Gespräch eine für Sie reizvolle Alternative im Fall Ihres Scheiterns. Aus einer solchen Position heraus verhandelt es sich viel leichter und besser, denn Sie sind nicht ausschließlich auf das Wohlwollen Ihres Gesprächspartners angewiesen.

Vorträge & Präsentationen überzeugend gestalten

Sollte ich mich am Anfang einer Präsentation beim Publikum bedanken, dass es mir zuhört?

Stellen Sie sich vor, Sie besuchten einen Vortrag und der Redner leitete sein Referat mit folgenden Worten ein: „Ich weiß ja, dass ich über ein sehr trockenes und schwieriges Thema spreche, freue mich aber dennoch über Ihre geschätzte Aufmerksamkeit." Wie gespannt lauschen Sie anschließend seinen Worten? Durch die Formulierung einer negativen Erwartungshaltung hat der Redner genau diese geweckt: Sie lehnen sich zurück und bereiten sich innerlich auf mindestens eineinhalb Stunden Langeweile vor.

Was wäre ein besserer Einstieg in einen Vortrag?

Ganz anders ist es, wenn der Referent seinen Vortrag mit den Worten „Um Ihnen den Zugang zu diesem anspruchsvollen Thema besonders leicht zu machen, stelle ich Ihnen eine Reihe von Praxisbeispielen vor. Gerne können Sie meine Ausführungen durch Ihre eigenen Erfahrungen ergänzen." Natürlich kommt es beim Wortlaut der Einleitung auf den genauen Inhalt und Anlass an. Wichtig ist jedoch, dass Sie bei den Zuhörern positive Erwartungen wecken statt sie von vornherein abzuschrecken, indem Sie Ihren eigenen Vortrag niedermachen.

Welche Formulierungen sollte ich aus Vorträgen streichen oder ersetzen?

Alle Sätze, mit denen Sie sich selbst das Wasser abgraben. Dazu gehören etwa „Sie sind alle sicher schon müde, doch würde ich mich freuen, wenn ..." Oder: „Auch wenn sich die meisten von Ihnen zum Besuch meines Vortrags sicher aufraffen mussten, ...".
Eine andere Variante: „Ich hoffe, dass ich Sie mit meinem Beitrag nicht langweile, ..." Und zum Schluss: „Es haben heute schon sehr viele hochkarätige Redner gesprochen und deshalb bin ich dankbar, dass auch ich in diesem Kreis Gehör finde."

Gilt diese Empfehlung auch für Dialoge und Diskussionen?

Auch im persönlichen Gespräch begegnen uns Floskeln, die – wörtlich genommen – negative Erwartungen schüren. Wenn jemand bei einer Unterhaltung gerne Rückgriffe macht und dauernd auf etwas Bezug nimmt, was schon abgeschlossen ist, löst er damit den Unwillen seiner Gesprächspartner aus. Und genau deshalb ist es besser, auf die Formulierung „wie gesagt" zu verzichten. Das „Wie gesagt" drückt aus, dass es sich um eine Wiederholung handelt – und wer hört sich schon gerne bereits bekannte Inhalte an? Ein Klassiker aus Gruppendiskussionen mit ähnlicher Wirkung ist „Es gehört jetzt vielleicht nicht ganz zum Thema, aber ..." Auch die Einleitung eines Anliegens mit der Höflichkeitsfloskel „Entschuldigen Sie bitte vielmals, dass ich Ihre kostbare Zeit in Anspruch nehme" weckt beim anderen den Gedanken, dass es sich hier um eine Person handelt, die man besser sofort abwimmelt.

8. Wie Sie sich in neue Themen einarbeiten und in Schreibfluss kommen

Klaus W. soll einen Text für ein Anschreiben entwerfen. Er schwitzt. Der Chef hat schon zweimal nachgefragt. Je länger er auf den weißen Bildschirm schaut, desto schlimmer wird es. „Ich brauch jetzt erst mal einen Kaffee!“, beschließt er und verschwindet in die Kaffeeküche. Dort lässt er sich von einer Kollegin in ein Fachgespräch über Motorräder verwickeln. Später schaut er auf die Uhr. Oh Schreck – schon kurz vor Mittag. Und er hat keine einzige Zeile geschrieben!

Eine Situation wie diese haben Sie in ähnlicher Form vielleicht auch schon erlebt. Ihnen kann geholfen werden. In diesem Kapitel geht es darum, wie Sie sich mit neuen Themen vertraut machen und mit welchen Techniken Sie Schreibblockaden überwinden bzw. umschiffen können.

Tipps für die Materialsammlung

Ich muss mich beruflich in ein schwieriges Sachgebiet einarbeiten. Wie gehe ich am besten vor?

Der erste Schritt ist die Internet-Recherche: Geben Sie Fachbegriffe bei einer Suchmaschine ein. Wikipedia ist zwar bei manchen Fachleuten wenig anerkannt („Da kann ja jeder schreiben, was er will!“), doch die Enzyklopädie eignet sich auf jeden Fall für den ersten Überblick. Viele Fachbeiträge sind mit Querverweisen und Literaturangaben versehen.

Möchten Sie sich Fachbücher zulegen, ist es oft günstiger (da meist kostenlos), die nächstgelegene Universitätsbibliothek zu nutzen. Auch externe Personen können sich einen Leihausweis ausstellen lassen. Die Recherche von Literatur ist bequem: Von zu Hause aus suchen Sie sich die passenden Bücher und Standorte heraus. Oft können Sie sich online Literatur vormerken lassen oder Leihfristen verlängern.

> **Tipp:** Fragen Sie im jeweiligen Fachbereich nach Diplom-, Magister-, Master- oder Bachelor-Arbeiten. Dort sind schwierige Themen oft einfach aufbereitet – und Sie haben gleich eine zu Ihrem Anliegen passende Literaturliste.

Nur der Buchtitel bringt mich nicht weiter. Wie erfahre ich mehr über den Inhalt eines Werkes?

Geben Sie den Titel bei einem Online-Buchanbieter ein. Wenn Sie Glück haben, können Sie durch Mausklick einen Blick ins Buch werfen und sich über den Inhalt informieren. Oder Sie geben Autor und Titel bei „Google“ ein. Die Funktion „Google Books“ liefert Ihnen umfangreiche Buchauszüge, die weit über das Inhaltsverzeichnis hinausgehen. Eine weitere Chance bieten Internetseiten der Verlage oder der Autoren – mit Leseproben. So können Sie Ihre Kauf- oder Ausleihentscheidung auf sicherer Basis treffen.

Sollte ich jeden dicken Wälzer von A bis Z durchlesen?

Auf keinen Fall! Orientieren Sie sich im Inhaltsverzeichnis, welche Kapitel oder Teile interessant für Sie sein können. Und die lesen Sie dann durch. Auf Post-it-Zetteln können Sie sofort Notizen machen und sie an die entsprechenden Stellen im Buch kleben. Dann wissen Sie später sofort, wo Sie nachschauen müssen. Oder Sie kennzeichnen damit die Buchteile, die Sie kopieren möchten.

Nur der Form halber: Aus urheberrechtlichen Gründen ist es verboten, Bücher komplett zu kopieren. Und: Wenn Sie fremde Quellen in eigenen Werken nutzen, müssen Sie diese vollständig angeben.

Welche Fundorte gibt es für zusammengefasste Informationen – z.B. Fachartikel zu meinem Thema?

Zum Beispiel auf Online-Presseportalen. Es gibt allgemeine Portale und fachspezifische mit gebündelten Informationen. Sie geben ein Stichwort ein und erhalten eine Liste mit Beiträgen. Auch die Internetseiten von Fachzeitschriften bieten oft die Möglichkeit, aktuelle Beiträge zu lesen und im Archiv zu recherchieren. Diese Angebote unterscheiden sich in kostenpflichtige und kostenlose.

Weitere Möglichkeiten bieten die Internetseiten von Verbänden und Interessenvertretungen. Dort sind viele nützliche Informationen zusammengetragen, die Ihnen vielleicht bei Ihrer Recherche weiterhelfen. Möglicherweise werden Sie auch bei Online-Netzwerken (wie z.B. „Xing“) fündig.

Der Kreativität auf die Sprünge helfen

Ich habe jede Menge Material. Doch wie komme ich jetzt ans Schreiben?

Möglicherweise kann Ihnen nun eine sogenannte „Kreativitätstechnik" helfen. Die folgende ist ein Beispiel von vielen und funktioniert wie ein Brainstorming – nur dass Sie in diesem Fall alleine sind.

Sammeln Sie zunächst frei und ohne Filter Assoziationen, die Sie zum Thema haben. Gut für eine solche Sammlung von Begriffen eignet sich die sogenannte „Cluster-Technik": Schreiben Sie den Hauptbegriff mitten auf ein weißes Blatt Papier und umkringeln Sie ihn. Dann lassen Sie Ihren Gedanken freien Lauf. Sie notieren den nächsten Begriff, der Ihnen einfällt, umkreisen ihn ebenfalls und verbinden ihn mit dem Zentralwort. Der zweite Begriff löst eine weitere Assoziation bei Ihnen aus, die Sie ebenfalls festhalten.

Im nächsten Schritt notieren Sie alle Begriffe aus dem Cluster, die Sie für Ihren Text verwenden können, auf einem separaten Blatt. Suchen Sie Synonyme (Begriffe gleicher oder ähnlicher Bedeutung) für die Wörter. Nun haben Sie eine passable Wörtersammlung für Ihren Text. Wenn nötig, können Sie diese Wörter noch nach inhaltlichen Aspekten sortieren. Und dann geht es ans Schreiben, das Ihnen nun sicher viel leichter fallen wird.

Was ist der Unterschied zwischen Mindmap und Cluster?

Ein Mindmap ist strukturiert, ein Cluster lediglich eine ungefilterte Sammlung von Assoziationen. Das Mindmap eignet sich, um Informationen von großem Umfang zu gliedern und um die reine Textinformation bei Bedarf durch Grafiken, kleine Zeichnungen und andere Arten von Abbildungen zu ergänzen. Sie können ein Mindmap entweder per Hand entwickeln – z.B. auf einem großen Plakat – oder Sie erwerben eine Software dafür.

Gibt es überhaupt Kreativität auf Knopfdruck?

Das Wort „Kreativität" stammt aus dem Lateinischen (creatio = Schöpfung). Darunter versteht man die Fähigkeit, gewohnte Denkmuster zu verlassen, etwas Neues zu produzieren und die Bereitschaft, unkonventionelle Wege zu gehen. Doch warum sprudelt die Kreativität bei manchen Menschen permanent, während sie bei anderen mühsam vor sich hin tröpfelt?

Zunächst sind ganz einfache Dinge gefragt wie Neugier, der Wille zu staunen, die Bereitschaft, geistige Mauern niederzureißen, Selbstvertrauen und der Glaube an die eigenen Fähigkeiten. Und ein bisschen Routine gehört auch dazu. Wenn Sie öfter Texte verfassen müssen, sinkt die Nervosität.

Wie kann ich meine eigene Kreativität im Alltag fördern?

Ihre eigene Schaffenskraft können Sie ganz einfach fördern: Suchen Sie jeden Tag etwas, das Sie zum Staunen bringt. Diskutieren Sie Ihre Gedanken mit anderen und gewöhnen Sie sich an, auch zunächst abwegig erscheinende Ideen näher zu betrachten. Je mehr Anteilnahme Sie einem Thema entgegenbringen, desto mehr fällt Ihnen dazu ein. Probieren Sie daher, auch langweiligen Tätigkeiten einen Aspekt abzugewinnen, der Sie interessiert. Nehmen Sie sich Zeit zum Tagträumen und Sinnieren, dann kommen oft die besten Ideen. Und: Suchen Sie immer wieder Möglichkeiten, sich zu entspannen und abzuschalten.

Was hat Kreativität mit meiner Tagesform zu tun?

An manchen Tagen können Sie es vielleicht kaum erwarten, an den Schreibtisch zu kommen und Ihre Ideen zu Papier bzw. in Dateiform zu bringen. An anderen Tagen fühlen Sie sich matt und geistig ausgebrannt.

Wenn das Trinken von Wasser, Fruchtsaftschorle oder ein Gang an die frische Luft nichts bringen, sind Sie vielleicht übermüdet und ausgepowert. Unterbrechen Sie Ihre Schreibarbeit und setzen Sie für diese Pause eine bestimmte Zeitspanne fest. Damit verhindern Sie, dass Sie der Versuchung erliegen, Ihrer Arbeit komplett davonzulaufen. Manchmal kann es auch die richtige Entscheidung sein, „dran" zu bleiben und sich durchzubeißen. Wann eine Pause sinnvoll ist und wann Selbstdisziplin gefragt ist, müssen Sie zu unterscheiden lernen.

Meine Gedanken schweifen oft ab oder Störungen von außen behindern mich beim Schreiben. Was kann ich dagegen tun?

Notieren Sie die Nebengedanken, sodass sie Ihnen erhalten bleiben. Sind die anderen Punkte auf einem Zettel fixiert, fällt es Ihnen sicher leichter, den Blick auf das zu richten, was gerade aktuell für Sie ist.

Bei Störungen gilt: Manchmal ist es zwingend notwendig, sich abzuschirmen. Doch in anderen Fällen haben die „Störungen" Vorrang. Stellen wir uns vor, Sie müssten Beruf und Familie unter einen Hut bringen. Sie säßen im Homeoffice am Schreibtisch und wollten einen wichtigen Text für Ihre Arbeit schreiben, doch immer wieder würden Sie von Ihrem Nachwuchs abgelenkt, der um Ihre Aufmerksamkeit kämpft. Verhandeln Sie mit Ihren Kindern nach dem Motto: „Wir spielen jetzt eine Stunde zusammen Tischfußball und anschließend darf ich eine Stunde ungestört texten." Und dann konzentrieren Sie sich wirklich voll auf das Kickerturnier mit Ihren Kindern. Denn anschließend haben Sie genug Ruhe für Ihre Arbeit.

Wie Texte noch besser werden können

Welche Merkmale unterscheiden einen guten von einem schlechten Text?

Unabhängig davon, ob es um ein Buch, einen Artikel, oder einen Werbebrief geht – ein lesefreundlicher Text verfügt über die folgenden Merkmale (ausgenommen sind hier wissenschaftliche und fachspezifische Texte): Er ist verständlich. Er hat kurze Sätze und enthält – wenn überhaupt – nur wenige Fremdwörter. Er ist logisch aufgebaut, sodass auch ein Außenstehender nachvollziehen kann, um was es geht.
Stellen Sie sich bei der Lektüre folgende Fragen: Wird das Anliegen, das der Verfasser des Textes hat, deutlich? Oder ergeht er sich in allgemeinen Betrachtungen? Auch der Unterhaltungswert geschriebener Sprache spielt eine Rolle. Wenn Sie beim Lesen krampfhaft gegen das Einnicken kämpfen müssen, liegt es am Text – und nicht unbedingt daran, dass Sie am Abend vorher lange gefeiert haben.

Woran erkenne ich, ob mein Text holprig ist?

Ein flüssiger Text erzeugt ein ähnliches Gefühl wie das, welches Sie beim Lesen eines guten Buches haben. Wenn Sie die ersten Seiten gelesen haben, möchten Sie es am liebsten gar nicht mehr aus der Hand legen. Bei anderen literarischen Werken mutet die Lektüre wie ein holperiger Stolperweg an. Das Lesen macht keinen Spaß.
Um Holperigkeiten – und sogar Rechtschreibfehler – zu entdecken, lesen Sie sich Ihren Text selbst laut vor. Möglicherweise stellen Sie dann fest, dass Sie an manchen Stellen stutzig werden. Irgendetwas passt noch nicht. Lesen Sie sich die Stelle genau durch und überlegen Sie, woran Ihr Störgefühl liegt. Ist es vielleicht eine Wortdoppelung? Fehlt eine Überleitung zwischen verschiedenen Sinnabschnitten? Oder haben Sie einen unverständlichen Bandwurmsatz fabriziert, den Sie besser in mehrere kurze Sätze umwandeln?
Falls Sie im Dunkeln tappen, lesen Sie den Abschnitt jemand anders vor – z.B. einem Kollegen. Vielleicht erkennt er die Ursache für den „Stopper" im Lesefluss.

Wie komme ich Rechtschreibfehlern auf die Spur, wenn ich keinen Korrekturleser habe?

Fast jeder Mensch hat einen „blinden Fleck", was Flüchtigkeitsfehler in Texten betrifft, mit denen er sich über einen längeren Zeitraum beschäftigt. Lesen Sie Ihren Text durch, erblicken die Augen, was sie zu sehen erwarten. Denn Sie erfassen den kompletten Satz und wissen schon fast auswendig, was da geschrieben steht. Ihr Gehirn wandelt das fehlerhafte Wort in ein richtig geschriebenes um.
Um Ihre Wahrnehmung auszutricksen, hilft das laute Durchlesen Ihres Geschriebenen von hinten – Wort für Wort. Damit wird jeder einzelne Begriff aus dem Satzzusammenhang gelöst und Sie sehen klarer, ob ein Wort richtig geschrieben ist

oder ob das Fehlerteufelchen aktiv war. Zugegeben: Diese Vorgehensweise erfordert je nach Umfang des Textes Geduld. Doch bei wichtigen Texten, die veröffentlicht werden sollen, lohnen sich Zeiteinsatz und Mühe.

Wer kann mir bei der Erstellung oder Verbesserung von Texten helfen?

Natürlich bieten viele Werbe- oder Kommunikationsagenturen Textleistungen an. Doch: Je größer die Agentur, desto höher sind wahrscheinlich auch die Honorare. Freiberuflich tätige („freie") Journalisten oder einzelne Texter, die aus dem Homeoffice heraus arbeiten, bieten manchmal günstigere Tarife an. Unabhängig davon: Holen Sie immer mehrere Angebote ein, sodass Sie einen Vergleich haben.

In welchen Bereichen liegen die Honorare von Profi-Textern?

Sie fangen im Schnitt bei € 45 die Stunde an; viele arbeiten für € 60 bis € 90 die Stunde. Doch auch höhere Sätze zwischen € 120 bis € 150 sind möglich. Wichtig: Fragen Sie nach einem Festpreis, der ein bis zwei Korrekturgänge beinhaltet. *Beispiel:* „Was kostet bei Ihnen ein Pressetext im Umfang einer DIN-A4-Seite?" Der Textpreis ist außerdem davon abhängig, wie viel Aufwand der Kreative damit hat. Ist es ein allgemeines Thema oder muss er sich in ein neues Fachgebiet einarbeiten? Je spezifischer der Inhalt, desto höher ist der Preis für den Texter.

Kann ich nicht einfach selbst einen Text verfassen und der Dienstleister schaut nur noch mal darüber?

Auf ein solches Geschäft lassen sich die meisten Texter oder Journalisten nicht ein. Das wäre ja so wie eine Art „Korrekturwerkstatt": Der Kunde schreibt mehr schlecht als recht, der Profi liest den Text durch und macht Verbesserungsvorschläge. Diese setzt der Auftraggeber wieder mehr schlecht als recht um. Das Hin und Her geht schließlich beiden Seiten auf die Nerven – und der Zeitaufwand ist wahrscheinlich ähnlich, als wenn der Texter gleich selbst ans Werk ginge.

Welche Kriterien außer dem Preis sollte ich meiner Entscheidung für einen Texter zugrunde legen?

Einen ersten Aufschluss gibt die Website des Texters. Die Ausrede, der Schuster selbst habe die schlechtesten Schuhe, sollten Sie auf keinen Fall akzeptieren. Gefällt Ihnen die Art, wie sich der Dienstleister darstellt – die Texte, die er über sich selbst veröffentlicht? Lassen Sie sich Arbeitsproben zeigen. Wie ansprechend sind die Texte, die er für andere Auftraggeber erstellt hat? Begegnen Ihnen immer wieder die gleichen Formulierungen oder jongliert er (oder sie) gekonnt zwischen verschiedenen Sprachstilen? Und zum Schluss: Stimmt die Chemie zwischen Ihnen? Fühlen

Sie sich von der Person verstanden? Glauben Sie, dass dieser Anbieter Ihr „Sprachrohr“ sein könnte?

Welche Informationen muss ich dem Dienstleister geben, wenn ich einen Text in Auftrag gebe?

Das hängt ganz von der Art des Auftrags ab. Einige Richtwerte, die für alle gelten: Sie sollten die Verwendung des Textes angeben. Wo wird er veröffentlicht? Welche Ziele möchten Sie damit erreichen? An wen wenden Sie sich damit? Wie „ticken“ diese Personen – bzw. welchen Sprachstil haben die Empfänger? Welche Botschaft soll übermittelt werden? Gibt es bereits vorhandene Texte zum Thema? Was soll daran geändert werden? Ein professioneller Anbieter wird Ihnen diese und – je nach Textart – auch darüber hinausgehende speziellere Fragen stellen.

9. Worauf Sie bei verschiedenen Korrespondenzformen achten sollten

Randolf Z. hat sich auf einer Brasilienreise mit Typhuserregern angesteckt. Deshalb muss er sich in bestimmten Abständen von einem Arzt im Gesundheitsamt untersuchen lassen. Er erhält ein Schreiben und öffnet mit einem skeptischen Gefühl den grauen Recyclingumschlag. Als er den Bogen entfaltet hat, liest er: „Sehr geehrter Herr Z., da Sie gemäß §§ 34 ff BseuchG der gesundheitlichen Beobachtung unterstellt sind, ordne ich für Sie am 03. März 2009 um 9:00 Uhr eine weitere Untersuchung an. Mit freundlichen Grüßen, Krickelkrackel." Randolf Z. ärgert sich. Etwas freundlicher könnte der Brief schon formuliert sein. So klingt es wie eine Vorladung durch die Polizei.

In diesem Kapitel geht es um Ihre Geschäftskorrespondenz – per Brief und per E-Mail. Tipps zum Sprachstil und zu einzelnen Formulierungen finden Sie in Kapitel 2 „Wortwahl und Satzbau" auf Seite 7ff.

Geschäftsbriefe, Angebote & Mahnungen

Worauf muss ich beim Verfassen von Geschäftsbriefen achten?

Es ist wichtig, dass der Empfänger Ihr Anliegen versteht. Halten Sie Ihr Schreiben möglichst kurz und bringen Sie Ihre Botschaft auf den Punkt. Falls Sie auf vorgegebene Textbausteine zurückgreifen, überprüfen Sie diese. Ist der Sprachstil holperig oder flüssig? Klingt der Text abgehoben und gestelzt oder freundlich? Passen die Vorschläge überhaupt zu Ihrem Thema?

Müssen Sie häufiger Material an Ihren bereits bekannten Empfänger verschicken, lohnt die Investition in Vordrucke für Kurzmitteilungen. Diese können zum Teil mit der Hand ausgefüllt und beigelegt werden.

Ein Hinweis zu Briefen mit juristischen Inhalten: Auch wenn es sprachlich korrekt ist, wirkt das „Amtsdeutsche" oft unfreundlich und harsch. Versuchen Sie, Ihren Brief durch freundliche Elemente aufzulockern, statt dem Empfänger einen Paragraphen nach dem anderen um die Ohren zu schlagen.

Welche Empfehlungen gelten für das Verwenden von Floskeln und Abkürzungen?

In vielen Briefen tauchen Floskeln und Abkürzungen auf, die meistens nicht weiter hinterfragt werden. Wie beispielsweise „i.A." Für den Empfänger drückt dieser Zusatz möglicherweise aus, dass er es mit einem unwichtigen Unterzeichner in niederer Position zu tun hat. Unterschreibt so selbst die Firmenleitung (etwa aus juristischen Gründen), taucht die Frage auf: „Wer hat denn den Auftrag für den Brief erteilt?" Nach heutigem Standard wird quer durch alle Hierarchieebenen empfohlen, auf den Zusatz zu verzichten. Auch sehr beliebt ist das scheinbar Zeit sparende „MfG". Wenn nicht einmal Zeit ist, den freundlichen Gruß auszuschreiben, kann er so nett nicht gemeint sein. Weitere Kurzformen wie Fr./Hr. oder das Unterzeichnen mit dem Nachnamen sind ähnliche Unsitten. Darüber hinaus versenden viele Unternehmen Briefe mit Abkürzungen, deren Bedeutung nur intern bekannt ist. Damit der Empfänger den Sinn der Buchstabenfolgen ermitteln kann, wählen Sie bitte am Anfang mindestens einmal die ausführliche Form. Die Abkürzung setzen Sie dann in Klammern dahinter.

Aus welchem Grund wurde eine DIN-Norm für die Gestaltung von Geschäftsbriefen entwickelt?

Weil Briefe zweckmäßig gestaltet sein sollten, wurde der sogenannte „Normbrief" entwickelt. Wenn Sie sich an den Vorgaben orientieren, haben Sie die Sicherheit, dass die Empfängeradresse auch wirklich im Fenster des Kuverts erscheint. In Behörden und in vielen Firmen gibt es für das Erstellen von Briefen feste Vorgaben, die sich an dieser Norm orientieren. In Firmen und Einrichtungen, die etwas „lockerer" sind, gibt es manchmal mehr Gestaltungsspielraum. Doch vor allzu viel Kreativität und Individualität sei gewarnt: Ein Brief sollte immer lesefreundlich und zweckmäßig aufbereitet sein.

Welchen Vorteil hat es, wenn alle Briefe aus einem Unternehmen ähnlich aussehen?

Dadurch wird ein aus Marketingsicht sinnvoller Wiedererkennungseffekt geschaffen. In größeren Firmen gibt es oft ein sogenanntes „Corporate Design Manual" – ein Handbuch, in dem feste Vorschriften für den Aufbau aller Kommunikationsmedien zu finden sind. Es ist z.B. genau geregelt, wie das Firmenlogo verwendet werden darf, wie ein Briefbogen mit Folgeseite auszusehen hat und wie Folien für Präsentationen aufzubauen sind.

Welche Empfehlungen gibt es für das Verfassen frei gestaltbarer Angebote?

Manche Angebote erschlagen den Empfänger mit Fachbegriffen – etwa wenn der Verfasser erklärungsbedürftige Leistungen erbringt. Dies ist zum Beispiel bei tech-

nologieorientierten Firmen der Fall. Ist der Empfänger Ihres Angebots ein Laie in Ihrem Fach, übersetzen Sie die Bestandteile Ihres Angebots möglichst in verständliche Sprache. Statt eine riesige Menge unverständlicher Einzelpunkte anzubieten, kann es sinnvoll sein, bestimmte Elemente zu straffen.
Ein Beispiel aus der Welt der Werbung: Ein Grafiker bietet zwei Varianten von Logos an – ein „typografisches“ und eine „Wort-Bild-Marke“. Die zweite Variante ist vielleicht noch verständlich – doch der Begriff typografisches Logo sollte kurz erläutert werden, nämlich dass es sich um die markante Gestaltung eines Schriftzugs ohne bildhafte Zusätze handelt.
Verdeutlichen Sie dem potenziellen Kunden den Nutzen Ihrer Einzelleistungen. Beschreiben Sie, was sich dadurch für ihn beispielsweise verbessert/erleichtert/erhöht oder reduziert.

Eine Mahnung muss doch harsch formuliert sein, damit der Empfänger zahlt, oder?

In manchen Mahnungen wird dem Empfänger sofort die Pistole auf die Brust gesetzt. Schon in der Betreffzeile steht „Erste/zweite/letzte Mahnung“. Dann geht es weiter. „Sehr geehrte Frau Brockmann, Sie haben ... in unserem Online-Shop bestellt und ‚Bankeinzug‘ als Zahlungsoption angegeben. Die Abbuchung des Betrags ... von Ihrem Konto war nicht möglich. Aus diesem Grund ist Ihr Kundenaccount bei uns nun gesperrt. Durch die Zurückweisung unserer Abbuchung durch Ihre Bank sind Kosten in Höhe von (doppelte Bestellsumme) entstanden. Wir fordern Sie auf, den Betrag bis zum ... zu überweisen. Sollte bis dahin kein Eingang zu verzeichnen sein, behalten wir uns rechtliche Schritte vor.“
Schluck. Und das nur einen Tag nach Erhalt der Lieferung. Behandeln Sie säumige Kunden sofort im ersten Schreiben wie Schwerverbrecher, besteht die Gefahr, dass diese bei nächster Gelegenheit zu einem anderen Anbieter wechseln.

Wie formuliere ich auf diplomatische Weise eine erste Mahnung?

Der Betreff sollte „Ihre Bestellung vom ...“ sein. Beginnen Sie mit einem neutralen oder positiven Einstieg wie „Sehr geehrte Frau Brockmann, am ... haben Sie in unserer Online-Druckerei Visitenkarten bestellt. Sie müssten inzwischen bei Ihnen eingetroffen sein und wir hoffen, dass Sie zufrieden sind.“ Dann leiten Sie sachlich-beschreibend zu Ihrem Anliegen über: „Die Summe von ... ist leider noch nicht auf unserem Konto eingegangen. Bitte überprüfen Sie die Angelegenheit und überweisen Sie uns den Betrag bis zum ... auf unser Konto Nr. ... Vielen Dank und viele freundliche Grüße ...“

Und was ist mit den Mahngebühren?

Juristisch gesehen, sind Mahngebühren die Kosten, die dem Gläubiger durch das „Eintreiben" des Geldes entstehen – beispielsweise der Aufwand für Mahnschreiben und für das Einschalten eines Anwalts. Davon ausgenommen sind die Kosten für das erste Schreiben. Das bedeutet für Sie: Mahngebühren können Sie ab der zweiten Zahlungserinnerung in Rechnung stellen. Wie hoch diese im Einzelnen sein können, hängt unter anderem von der Höhe der Forderung ab. Fragen Sie im Zweifelsfall Ihren Anwalt.

Was ist, wenn sich der andere „stur" zeigt und trotzdem nicht zahlt?

Dann müssen Sie deutlich werden. Etwa so: „Sehr geehrte Frau Brockmann, vor zwei Wochen haben wir Ihnen eine erste Zahlungserinnerung geschickt. Leider ist die Summe von ... immer noch offen. Durch die Verzögerung sind zusätzliche Kosten in Höhe von ... entstanden. Bitte überweisen Sie den neuen Gesamtbetrag von .. bis zum ... auf unser Konto Nr. ... Bitte denken Sie daran, dass weiteres Hinausschieben der Zahlung zu weiteren Kosten auf Ihrer Seite führen wird. Mit freundlichen Grüßen ..."

Eine dritte Mahnung zu schicken, ist wenig sinnvoll. Ihr Kunde hatte genug Zeit, über die Konsequenzen seines Handelns nachzudenken. Ergreifen Sie die Maßnahmen, die Sie für nötig halten. Einzige Ausnahme: Ihr Kunde meldet sich bei Ihnen und begründet den Zahlungsausfall glaubwürdig. Versuchen Sie, gemeinsam mit ihm eine Lösung zu finden, mit der Sie beide leben können.

Was Sie über E-Mails wissen sollten

Ist beim Schreiben von E-Mails ein lockerer Umgangston erlaubt?

Schnell eingetippt, erleichtert die E-Mail den zügigen Austausch von Informationen. Doch auch für die Online-Korrespondenz gibt es Regeln: Manche Menschen haben sich in Chatrooms, Online-Foren und anderen Communities einen Kommunikationsstil angewöhnt, in dem sie ihre Gefühle und ihre Mimik beschreiben. Dazu werden entweder Smileys verwendet oder verbale Ausdrücke wie „grins", „schäm", „lach" oder ähnliche.

Sparsam eingesetzt sind Smileys auch für geschäftliche Mails mit gut bekannten Personen geeignet. Doch von Ausdrücken wie „freu", „grr" und anderen ist abzuraten, da sie zu umgangssprachlich und plump vertraulich wirken können. Ähnliches gilt für eine sehr individuelle Rechtschreibung. Auch wenn falsch geschriebene Wörter und ein fehlerhafter Satzbau heute in weiten Kreisen als „Kavaliersdelikt" gelten: Haben Sie große Schwächen in Bezug auf die Rechtschreibung, holen Sie sich im eigenen Interesse Hilfe. E-Mails und Briefe, die von Fehlern wimmeln, lenken den Leser vom Inhalt ab und lassen Sie im schlimmsten Fall inkompetent wirken. („Hoffentlich ist er in seinem Fachgebiet besser als beim Schreiben!")

Kann man Anrede, Gruß und Unterzeichnung bei E-Mails manchmal weglassen?

Im Normalfall und insbesondere dann, wenn Sie jemand lange nicht geschrieben haben, sollten Sie sich für die Verwendung von Anrede und Unterzeichnung entscheiden. Ausnahme: Schicken Sie sich mit jemandem wie in einem Ping-Pong-Match viele E-Mails in kurzer Zeit hin und her, können Sie ggf. auf Anrede und Unterzeichnung verzichten.
In der Signatur vieler Absender ist bereits der Abschiedsgruß eingefügt – in der Regel „Mit freundlichen Grüßen". Es wirkt seltsam, wenn die persönlich-vertrauliche Grußformel „Hallo ..." mit einem distanziert-sachlichen „Mit freundlichen Grüßen" unterzeichnet wird. Daher besser die Grußformel per Hand einfügen. Passend: Liebe/r – Herzliche Grüße; Hallo/Hi/Guten Tag – Viele/beste Grüße (wer's mag); Sehr geehrte/r – Freundliche Grüße.

Worauf muss ich achten, wenn ich eine E-Mail gleichzeitig an mehrere Empfänger schicke?

Es kommt darauf an, ob sich die Empfänger untereinander kennen, weil sie z.B. im gleichen Unternehmen arbeiten. Dann setzen Sie alle Mailadressen sichtbar ins Empfängerfeld. Schicken Sie eine Rundmail an Personen, die bis auf den Anlass Ihres Schreibens nichts miteinander zu tun haben, adressieren Sie den elektronischen Brief an sich selbst und setzen Sie alle Mailadressen in das „Bcc-Feld". So sehen die Empfänger nur Ihre Mailadresse und kennen die anderen Empfängeradressen nicht. Diese Diskretion hat ihren Grund: Manche Personen „sammeln" E-Mail-Adressen, um deren Adressaten anschließend mit werblichem Spam zu versorgen.

Wie wichtig ist die Betreffzeile bei E-Mails?

Sie ist sehr wichtig. Auch wenn das Versenden ohne Betreff schneller geht oder das Formulieren etwas Gedankenarbeit kostet: Fassen Sie Ihr Anliegen in der Betreffzeile zusammen, damit der Empfänger sie schneller einordnen kann. Dies gilt insbesondere dann, wenn Sie z.B. Mail-Korrespondenz über mehrere unterschiedliche Projekte führen. Außerdem: Wird mit einer Mail ohne Betreff gar ein Anhang verschickt, riskieren Sie, dass Ihre Nachricht gelöscht oder vom E-Mail-System des Empfängers als Spam gekennzeichnet wird.

Inwieweit ist es sinnvoll, eine Signatur anzufügen?

Sehr sinnvoll. Die kompletten Kontaktdaten erleichtern die schnelle Reaktion – z.B. per Telefon. Auch wenn Sie öfter Mails mit einer Person hin- und herschicken: Die Signatur ist und bleibt praktisch. In den meisten E-Mail-Konten können Sie eine Funktion anklicken, mit der eine digitale Visitenkarte an Ihre E-Mail gehängt wird. Nachteil: Diese muss angeklickt werden – die Signatur erscheint automatisch am Ende des E-Mail-Textes.

Wie sieht es mit Reaktionszeit und Empfangsbestätigung aus?

Beim Versand von E-Mails besteht immer eine Rest-Unsicherheit. Geht eine E-Mail ins Leere, beginnt auf der Absenderseite das große Rätselraten: Ist die Mail nicht angekommen? Ist der Empfänger verreist? Lehnt der Empfänger das Anliegen nach dem Motto „Keine Antwort ist auch eine Antwort!“ ab?
Wenn Sie gerade keine Zeit haben, eine Mail ausführlich zu beantworten, schicken Sie dem Absender eine kurze Bestätigung, dass seine Mail angekommen ist und dass Sie später ausführlich antworten werden. Schickt Ihnen jemand Unterlagen mit der Bitte um eine Lesebestätigung, lassen Sie ihm diese zukommen. Sonst muss er Sie noch einmal anrufen und nachfragen, ob Sie die Informationen auch erhalten haben.

Wann schicke ich eine E-Mail und wann besser ein gedrucktes Dokument?

Müssen Sie in kurzer Zeit Informationen übermitteln, ist die E-Mail oft der einfachere Weg. Falls Sie ein Dokument verschicken möchten, können Sie in vielen Fällen auch eine PDF-Datei senden, die der Empfänger ausdruckt. Offizielle Dokumente wie Verträge, die meisten Rechnungen und Zertifikate sollten aus juristischen Gründen auf dem Postweg verschickt werden. Möchten Sie über einen kostenlosen Mail-Account wie web.de, gmx.net und ähnliche mit Personen aus Konzernen korrespondieren, fragen Sie bitte beim Empfänger nach, ob der Firewall des Unternehmens solche Mails durchlässt. Manche Firmen haben ihre Sicherheitseinstellungen so konfiguriert, dass keinerlei Mails von kostenlosen Programmen durchgelassen werden.

Der Versand von Rechnungen als PDF-Dateien ist doch viel einfacher, oder?

Vorsicht bei Rechnungen: Hier ist nach den Vorstellungen des Gesetzgebers eine sogenannte „Digitale Signatur“ erforderlich. Die Vorsteuer darf nur bei Vorhandensein einer solchen Signatur geltend gemacht werden. Verschicken Sie selbst PDF-Rechnungen, müssen Sie eine solche Signatur bei einem sogenannten „Trust Center“ beantragen. Aktuelle Informationen zu diesem speziellen Thema recherchieren Sie am besten im Internet.

10. Themen medientauglich aufbereiten und Pressetexte verfassen

Unternehmerin Clarissa Wichtig ist ungehalten und stellt ihren Mitarbeiter für Öffentlichkeitsarbeit zur Rede: „Jetzt schicken Sie als gelernter Journalist schon jede Woche Pressematerial an die regionalen Zeitungen – und nie erscheint auch nur ein Bericht über uns. Und das, obwohl wir uns in den Texten so positiv darstellen!" Der junge Mann zuckt die Achseln. „Vielleicht sind gerade die werblichen Informationen das Problem. Darüber haben wir schon öfter diskutiert." Seine Chefin grummelt. Dann räumt sie ein: „Ich denke immer: Wenn die Presse erfährt, was für eine erfolgreiche Firma wir sind, müssen die einfach über uns berichten." Nach einer Pause fügt sie hinzu: „Vielleicht habe ich mich auch zu viel eingeschaltet. Was denken Sie denn, wie unsere Themen und Texte aufbereitet werden müssten?" Ihr Gesprächspartner holt Luft und erläutert ...

Verlassen wir diese Szene. Denn genau um diese Fragen soll es in diesem Kapitel gehen: Wie bereiten Sie Ihre Themen medientauglich auf? Und wie sollten Pressetexte formuliert werden, damit Medienvertreter sie lesen – und vielleicht sogar in ihrer Berichterstattung berücksichtigen?

Was versteht man unter „Pressearbeit"?

Unter diesem Begriff versteht man die regelmäßige Kontaktpflege mit Medienvertretern. Dazu gehören z.B. das Versenden von Pressemeldungen, die Durchführung von Pressekonferenzen oder Pressegesprächen – alles, was jemand tut, um Medienvertreter zu einer positiven Berichterstattung über das eigene Unternehmen zu bewegen.

Pressearbeit ist in erster Linie Beziehungsarbeit. Haben Sie einen guten Draht zu den Redakteuren von Medien, die für Sie wichtig sind, kann sich dies positiv auf Ihre Medienpräsenz auswirken. Dabei ist die Betonung des Wortes „kann" wichtig. Denn bei der Entscheidung für eine Meldung spielen oft noch andere Kriterien eine Rolle. Wenn ein Kollege gerade am gleichen Thema arbeitet oder Ihr wichtigster Konkurrenz eine riesige Anzeige schaltet, nützt die beste Freundschaft wenig.

Warum reagieren Journalisten allergisch auf „Werbetexte“?

Der offizielle Ehrenkodex von Journalisten besagt, dass sie neutral und sachlich zu berichten haben. Dazu gehört, dass sie sich selbst eine Meinung bilden, statt die Meldung einer Agentur oder einer Presseabteilung ungeprüft zu übernehmen. Wirkt ein Text stark beeinflussend, weil er den Leser zu einer positiven Einstellung einem bestimmten Sachverhalt gegenüber motivieren will, geht bei seriös arbeitenden Journalisten die Alarmlampe an. Die Meldung landet im Altpapier oder im E-Mail-Papierkorb. Aus genau diesem Grund haben Public-Relations-Fachleute in manchen Redaktionen einen schlechten Ruf. Manchmal ist es deshalb besser, einen Pressetext selbst zu verschicken, statt eine Agentur damit zu beauftragen.

Warum gibt es bei vielen Medien einen Zusammenhang zwischen Anzeigenschaltung und redaktionellem Bericht?

Auch wenn die Verknüpfung von Anzeigengeschäft und redaktionellem Bericht nach deutschem Presserecht untersagt ist, handeln viele Zeitschriften gegen diesen Grundsatz. Auf einer Seite steht ein positiver Bericht über eine Firma, zwei Seiten oder eine Ausgabe später erscheint die bezahlte Anzeige.
Rechtens ist diese Kombination nur dann, wenn der redaktionelle Bericht mit dem Wort „Anzeige“ gekennzeichnet ist, sodass die Leser erkennen, dass es sich um in einen Artikel verpackte werbliche Informationen handelt. Auch wenn der Gesetzgeber andere Vorstellungen hat – viele Medien sind von ihren Anzeigenkunden abhängig, denn die Inserate bringen mehr Geld als z.B. Abonnements und verkaufte Zeitschriften. Und von diesem Geld werden die Gehälter der Journalisten und Fotografen sowie die Honorare der freien Mitarbeiter bezahlt.

Was verbirgt sich hinter dem Begriff „Nachrichtenwert“?

Dieses Wort bezeichnet die Kriterien, nach denen Journalisten Themen für ihr Medium auswählen. Dazu gehören beispielsweise Aktualität, regionaler Bezug (bei Lokalmedien) und der Nutzen, den die Leser oder Nutzer des Mediums von einem Beitrag hätten. Auch die Prominenz einer Person, die z.B. mit einem Thema an die Medien tritt, spielt eine Rolle. Wenn eine bekannte Firmenchefin etwas sagt, hat dies eine höhere Wichtigkeit, als wenn ein Kleinunternehmer mit dem gleichen Vorschlag ankommt. Und: Ist ein Sachverhalt emotionalisierend, skandalös oder negativ, wird darüber erfahrungsgemäß lieber und ausführlicher berichtet als über positive Dinge.

Wie bereite ich unsere Pressethemen auf, damit sie von Journalisten aufgegriffen werden?

Vielleicht gibt es eine aktuelle Diskussion in den Medien, an die Sie sich mit Ihrem Thema anhängen können.

Beispiel: Die Wahlen stehen bevor. Ein Rhetorik-Trainingsinstitut schickt einen Fachartikel zum Thema „Die Körpersprache von Politikern durchschauen" an die Medien, der prompt in einigen Zeitungen veröffentlicht wird.

Hat Ihr Thema einen wohltätigen Aspekt, wie z.B. eine Spendenaktion, ist die Wahrscheinlichkeit hoch, dass es in der Lokalpresse berücksichtigt wird. Oder Sie berichten über interessante Menschen in Ihrem Unternehmen – wie den Buchhalter, der zu Hause eine Vogelspinnen- und Reptiliensammlung unterhält. Oder Sie verfassen einen Fachartikel, der konkrete Tipps und Hinweise für die Leser enthält. Damit hat der Text einen Nutzen für das Medium und wird vielleicht veröffentlicht.

Welche Arten von Pressetexten gibt es?

Die am häufigsten verwendeten Pressetexte sind die Presseinfo, die Presseeinladung, der Fachartikel und die Stellungnahme.

Die Presseinfo hat als Aufhänger einen aktuellen Anlass und dient als „Köder" für den Journalisten, einen Bericht zu verfassen. Die Presseeinladung wird vor Veranstaltungen verschickt und enthält neben dem Anschreiben Informationen zum Event sowie eine Antwortmöglichkeit. Der Fachartikel enthält reine Sachinformationen aus dem Kompetenzbereich des Verfassers – und wird unter seinem Namen veröffentlicht. Die Stellungnahme kommt bei Negativschlagzeilen zum Einsatz, wenn es um die Richtigstellung von Sachverhalten geht.

Was ist den meisten Pressetexten gemeinsam?

Sie enthalten Beschreibungen statt Bewertungen und Belege statt Behauptungen.

Ein Beispiel: Wenn Sie sagen, „der Baum ist schön!", handelt es sich um eine Wertung. Würden Sie dagegen äußern, der Baum habe viele grüne Blätter, ist dies eine nachprüfbare Beschreibung.

Auch Behauptungen ohne Beweise wirken unglaubwürdig. Die Kunst beim Erstellen von Pressetexten besteht darin, Fakten so zu kombinieren, dass der Leser die positiven Schlussfolgerungen selbst zieht. Liest der Journalist etwa, ein Unternehmen habe seinen Umsatz im letzten Jahr trotz der Wirtschaftskrise mit einem neuen Vertriebskonzept verdoppelt, wird er durch diesen Beleg den Schluss ziehen, die Firma sei erfolgreich.

Welche Inhalte und welche Form hat eine Presseinformation?

Die Presseinfo, scherzhaft „Waschzettel" genannt, dient dazu, den Journalisten kurz über die wichtigsten Fakten zu informieren. Sie enthält neben einer Überschrift (Titel der Meldung) Antworten auf die sogenannten „5 W", die Sie sich leicht an den ausgestreckten Fingern einer Hand merken können: „Wer"?, „Was?", „Wann?", „Wo?" und „Warum?".
Die Presse-Info umfasst maximal eine DIN-A4-Seite, hat rechts einen sechs bis sieben Zentimeter breiten Rand und einen Zeilenabstand von 1,3 bis 1,5 Pt. Achten Sie darauf, dass Ihre vollständigen Kontaktdaten auf der Presseinformation angegeben sind. Sie wird in der Regel als Word-Datei verschickt, damit der Medienvertreter bei Bedarf Textbausteine herauskopieren und in seinen Text einfügen kann. Manche Redaktionen wünschen sich auch ein Fax.

Worauf muss ich beim Verfassen eines Fachartikels achten?

Der Fachartikel zielt darauf, dass potenzielle Kunden ihn lesen und auf Sie und Ihre Kompetenz aufmerksam werden. Überlegen Sie, zu welchem Teilbereich Ihres Kompetenzgebietes Sie einen Fachartikel schreiben könnten.
Einige Beispiele: Eine Ingenieurin schreibt einen Fachbeitrag mit dem Titel „So senken Sie Ihre Energiekosten". Ein Finanz- und Versicherungsspezialist erläutert, welche Arten von Absicherung es für junge Berufstätige gibt. Ein Personalentwickler verfasst einen Text „Bewerbungen – worauf Sie achten sollten".
Ihr Text sollte in seinem Sprachstil an die Medien angepasst sein, denen Sie ihn zur Veröffentlichung anbieten möchten. Bei Fachmagazinen ist ein anderer Sprachgebrauch erforderlich als bei allgemein ausgerichteten „Publikumsmedien". Verständliche Sprache ist bei allen Medien wichtig.

Darf ich werbliche Hinweise zu mir und meiner Firma in den Text einbauen?

Das ist abhängig vom Medium, in dem Ihr Beitrag veröffentlicht wird. Im Normalfall ist es so: Informationen über Sie erscheinen – wenn überhaupt – in einem separaten Autorenkasten. In manchen Medien steht nur Ihr Name und vielleicht Ihre Mailadresse unter dem Artikel. Wer mit Ihnen Kontakt aufnehmen will, muss eine E-Mail verfassen oder Ihren Namen in eine Internet-Suchmaschine eingeben.

Was ist bei einer Stellungnahme wichtig?

Kommen ein Unternehmen oder ein Freiberufler wegen eines Vorfalls in die Negativschlagzeilen, ist sogenannte „Krisen-PR" (PR = Public Relations) erforderlich. Neben anderen Instrumenten werden die Stellungnahme oder auch die Gegendarstellung eingesetzt, um eine Position zu einer Frage zu beziehen oder um falsche Informationen in einem Medienbericht zu korrigieren.

Insbesondere bei der Gegendarstellung ist ihre mangelnde Glaubwürdigkeit das Problem. Sie muss von der Redaktion veröffentlicht werden – unabhängig von ihrem vermutlichen Wahrheitsgehalt. Außerdem gibt es ein ungeschriebenes Gesetz, das besagt: „Wer sich rechtfertigt, gibt den Sachverhalt zu."
Wenn Sie eine Stellungnahme verfassen, halten Sie sich kurz und benennen Sie ausschließlich nachprüfbare Fakten. Jede Art von Emotionalität ist fehl am Platz – auch wenn Sie vielleicht wütend sind über das, was Ihnen in einem Bericht unterstellt wurde. Nennen Sie das Wichtigste zuerst, sodass Ihre Botschaft auch dann ankommt, wenn jemand die Lektüre zwischendurch abbricht.

Wie bereite ich ein Interview vor?

In den meisten Fällen wissen Sie vorher, um welche Themen sich das Interview drehen wird. Handelt es sich um eine brisante Fragestellung, wäre es gut, vorher alle Fragen aufzuschreiben, die Ihnen der Gesprächspartner stellen könnte. Überlegen Sie sich auf jede Frage eine Antwort – insbesondere auf die kritischen.

Was übrigens bei keinem Redakteur gut ankommt, ist das Dreschen von Leerphrasen oder andere Tricks, sich um eine klare Antwort herumzudrücken. Ein solches Verhalten wirkt sich negativ auf Ihr Image aus. Achten Sie darauf, dass Ihre Antworten kurz, klar und verständlich sind. Manchmal schicken Journalisten die Fragen auch vorher per Mail – dann ist die Vorbereitung besonders einfach. Zuweilen kann es sich im Gespräch ergeben, dass der Medienvertreter eine andere Frage als geplant stellt. Je nach Inhalt der Frage können Sie deren Beantwortung höflich (!) ablehnen. Oder Sie antworten spontan.

Mir ist es schon passiert, dass Worte aus dem Interview verdreht wurden. Was kann ich tun, damit ich wörtlich und im richtigen Zusammenhang zitiert werde?

Ein solcher Fall tritt manchmal ein, wenn der Journalist handschriftliche Notizen zu Ihren Antworten erstellt. Bereiten Sie vorher ein Papier mit Ihren wichtigsten Aussagen vor. Am Ende des Interviews reichen Sie Ihrem Gesprächspartner den Zettel mit Worten wie: „Sie haben ja alles mitgeschrieben. Und als kleine Ergänzung gebe ich Ihnen dieses Papier mit meinen wichtigsten Aussagen mit." Wenn Sie Glück haben, übernimmt der Medienvertreter die Textbausteine aus Ihrem Schreiben, statt seine eigenen, möglicherweise ungenauen Notizen zu entziffern.

Kann ich einen Bericht über mich oder unsere Firma vor Veröffentlichung noch einmal Korrektur lesen?

Würden Sie diese Frage an einen Journalisten richten, wäre damit die möglicherweise positive Beziehung zwischen Ihnen gestört. Das Wort „Korrektur lesen" erweckt beim anderen den Eindruck, er könne Ihrer Ansicht nach nicht richtig schreiben. Und: Wenn er z.B. bei Ihnen auf einer Veranstaltung war, hatten Sie dort genug Gelegenheit, sich selbst angemessen darzustellen.

Bei Interviews sieht es anders aus. Fragen Sie vorsichtig nach: „Ich weiß ja, dass es unüblich ist: Wäre es trotzdem eventuell möglich, dass Sie mir das Interview vor der Veröffentlichung noch einmal zukommen lassen? Dann könnte ich schauen, ob alle Fakten inhaltlich so wiedergegeben sind, wie es meine Absicht war." Seriöse Journalisten werden sich darauf einlassen. Manche Medienvertreter schicken wichtige Interviews ohnehin vorher noch einmal an den Gesprächspartner, um späteren Ärger zu vermeiden. Dennoch: Die Frage ist immer brisant – und die Angelegenheit erfordert Fingerspitzengefühl von Ihnen.

11. Rund um das Werbemailing

In einer Krefelder Werbeagentur klingelt das Telefon. Eine Dame ist am Apparat. „Haben Sie unsere Anfrage erhalten?“, erkundigt sie sich. Der Agentur-Geschäftsführer runzelt die Stirn. „Was für eine Anfrage genau?“, fragt er vorsichtig. „Wir sind ein Porzellanhersteller und suchen eine neue Werbeagentur. Deshalb haben wir Ihnen in der letzten Woche ein Schreiben geschickt.“ „Wie sah der Umschlag denn aus? Normalerweise landen wichtige Geschäftsbriefe wie Ihrer immer bei mir.“ Die Anruferin beschreibt das Kuvert: Es sei im DIN-A4-Format und habe einen Werbeaufdruck. „Ach so. Möglicherweise ist der Umschlag sofort im Altpapier gelandet, weil er wie ein normaler Werbebrief aussah!“, ruft der Agenturchef. Seine Gesprächspartnerin seufzt. „Und wir wunderten uns schon, dass keine der angeschriebenen Agenturen reagierte. Dabei haben wir die Umschläge ganz neu drucken lassen.“

Dieses Gespräch zeigt zwei Dinge: Zum einen nützt der beste Text in einem Schreiben nichts, wenn er nicht gelesen wird. Zum zweiten landen die meisten Massenaussendungen im Papierkorb, weil sich die Empfänger gegen die Informationsflut abschirmen möchten. Aus diesem Grund muss schon der Umschlag so gestaltet sein, dass er zum Öffnen einlädt.

In diesem Kapitel erhalten Sie in Kurzform Anregungen für die Gestaltung und den Text von Mailings.

Warum darf ich keine Adressen aus dem Internet recherchieren und diesen Personen bzw. Firmen Werbemailings schicken?

Wenn Sie „fremde“ Adressen recherchieren, bedeutet dies, dass die Empfänger noch keinen Kontakt zu Ihrer Firma hatten. Sie wissen also nicht, ob diese Personen überhaupt ein Interesse daran haben, mit werblichen Informationen aus Ihrem Hause versorgt zu werden. Wenn Sie eine solche Adresse beschicken, sollte der Umschlag so gestaltet sein, dass der Empfänger erkennen kann, dass es sich mit hoher Wahrscheinlichkeit um werbliche Informationen handelt. So kann er entscheiden, den Brief ungelesen zu entsorgen.

Genau das möchte ich doch verhindern. Wie wäre es, wenn ich unsere Briefe als private Sendungen „tarne" – z.B. durch handschriftliches Adressieren?

Eine solche „Mogelpackung" löst höchsten Ärger auf der Seite des Empfängers aus. Er denkt, ein lieber Mensch habe ihm einen Brief geschickt – und erkennt beim Öffnen, dass er auf einen üblen Trick hereingefallen ist. Er wird niemals etwas von Ihnen kaufen. Auch die billige Masche, einen gelben „Post-it-Zettel" auf Annoncen zu kleben (Aufschrift: Das wäre doch was für dich? Gruß, Krickelkrackel), wird Ihrem Image nachdrücklich schaden. Wer es nötig hat, mit falschen Karten zu spielen, wird für unseriös gehalten. Zu Recht.

Welche Möglichkeiten habe ich, einen Umschlag attraktiv zu gestalten?

Es gibt unzählige Variationen – von besonderen Farben, einem Kuvert aus Transparenzpapier oder Aufklebern über einen Teaser (kurze Ankündigung, was sich im Kuvert befindet) bis hin zum komplett durchdesignten Hochglanzmailing. Es ist alles erlaubt, was das Budget hergibt.
Doch Achtung: Bei jeder Mailingaktion kommt es auf das genaue Abwägen von Kosten und vermutlichem Nutzen an. Auch das Hinzufügen von kleinen Werbegeschenken kann den Empfänger neugierig machen. Was drückt sich durch das Papier? Ein Give-Away ist dann besonders gelungen, wenn es zum Motto des Mailings passt.
Beispiel: Eine Werbeagentur führte vor einiger Zeit eine erfolgreiche Mailingaktion durch. Das Präsent waren zu Stricknadeln umfunktionierte Zahnstocher, an denen ein kleines gestricktes Läppchen hing. Das Motto des Mailings war: „Stricken Sie Ihren Firmenauftritt immer noch selbst?"

Welche weiteren Bestandteile hat ein gedrucktes Mailing?

Neben dem Anschreiben sollte noch eine Antwortmöglichkeit vorhanden sein – entweder ein Anmelde- oder Bestellformular zum Ausfüllen und Faxen. Machen Sie es dem Empfänger Ihres Schreibens so leicht wie möglich, Ihr Angebot anzunehmen und in der gewünschten Weise zu reagieren.

Ist das Internet nicht das zeitgemäßere und preisgünstigere Medium?

Per Mail können Sie natürlich auf preisgünstige Weise Sendungen verschicken – entweder mit oder ohne Anhang. Problem: Online-Mailingaktionen haben zuweilen den Charakter von unerwünschtem „Spam". Viele Firmen verschicken deshalb sogenannte „Newsletter", die jedoch mit werblichen Informationen gespickt sind. Die meisten dieser Aussendungen werden nicht gelesen.

Enthält Ihr Newsletter nur wenig Werbung und viele fachliche Informationen, die einen Nutzen für die Empfänger haben, wird er eher gelesen. Und vielleicht klickt dann auch jemand auf die dazwischen geschaltete Anzeige.

Mit welcher Rücklaufquote darf ich bei einer Mailingaktion rechnen?

Diese sind natürlich immer abhängig vom Anlass des Mailings – und von den Adressen. Verschicken Sie ein Mailing an „kalte" Adressen (es gab bisher noch keinen Kontakt zwischen Ihnen und dem Empfänger), sind 1 bis 3 % Rücklauf der Durchschnitt. Höhere Quoten erreichen Sie, wenn Sie „warme" (Empfänger kennt Ihr Unternehmen, ist jedoch noch kein Kunde) oder „heiße" Adressen vorhandener Kunden verwenden. Kombinieren Sie eine Mailingaktion mit anschließenden Telefonaten, erhöht sich die Erfolgswahrscheinlichkeit. Doch achten Sie bei Anrufen immer auf die gesetzlichen Vorschriften: Fremde Firmen anzurufen, ist streng genommen verboten. Wen Sie auf jeden Fall anrufen dürfen, sind bereits vorhandene Kunden oder Personen, die sich in der Vergangenheit schon einmal für Sie und Ihr Angebot interessiert haben.

Gibt es noch andere Möglichkeiten, um die Zahl der Antworten zu erhöhen?

Schaffen Sie einen besonderen Anreiz, sich zu melden, erhöht sich die Reaktionsquote.

Beispiel: Eine Druckerei verschickt ein Werbemailing an andere Druckereien. Hauptaufhänger ist eine besondere Druckmaschine, mit der die Absende-Druckerei Plakate im Großformat erstellen kann. Die angeschriebenen Betriebe werden auf die Möglichkeit hingewiesen, eigene Kundenanfragen nach großformatigem Plakatdruck über diese Druckerei abzuwickeln. Und dann kommt es: Der Absender kündigt an, selbst Aufträge an andere Druckereien zu geben. Aus diesem Grund sollen die Empfänger ihre Adresse und ihre Maschinenausstattung angeben. Wer auf das Schreiben reagiert, erhält zusätzlich einen Rabatt auf den ersten Auftrag.

Die Rücklaufquote auf dieses Mailing ist mit 20 % sehr hoch. Der Anreiz besteht in zwei Elementen: Erstens in der Aussicht, als Partnerbetrieb selbst Aufträge zu bekommen – und in der Ermäßigung bei Erteilung eines Auftrags an den Absender. Weitere Varianten sind die Durchführung von Verlosungen oder Gewinnspielen.

Könnte ich nicht einfach kommentarlos einen Werbeflyer oder eine Broschüre verschicken?

Ohne begleitendes Anschreiben besteht die Gefahr, dass Ihr Werbemedium sofort im Altpapier landet. Flyer sind ein sinnvolles Medium, wenn Sie z.B. auf Messen ausstellen oder sie auf Veranstaltungen auslegen.

Woher bekomme ich Adressen?

Neben der eigenen Visitenkartensammlung und Ihrer Kunden- bzw. Interessentendatenbank gibt es verschiedene Möglichkeiten. Adressverlage etwa haben sich auf den Verkauf oder die Vermietung von Adressen spezialisiert. Dort können Sie Adressen nach bestimmten Vorgaben (Region, Branche, Zielgruppe, Haushaltsgröße ...) erwerben. Gemietete Adressen stehen Ihnen für eine bestimmte Zahl von Mailingaktionen zur Verfügung. Alle Anschriften von Personen, die reagieren, gehen in Ihren Bestand über. Die anderen dürfen Sie nicht weiterverwenden. Zur Absicherung haben die Verlage immer Testadressen eingestreut, an denen sie erkennen können, ob Sie sich an die Vereinbarung halten.

Wie wichtig ist das direkte Anschreiben des Empfängers?

Sehr wichtig. Ein Mailing, das an „Firma X, Herrn Hans Huber" gerichtet ist, wird von diesem eher geöffnet als eines, das an „Firma X " geschickt wird. Das gleiche gilt für das Anschreiben: „Sehr geehrte Damen und Herren" ist unpersönlich. Als erstes fällt der Blick des Empfängers auf die eigene Anschrift. Firmenname, eventueller Titel und Name des Adressaten sollten unbedingt richtig geschrieben sein, denn sonst entsteht Ärger. Oder möchten Sie, dass Ihr Name verdreht oder Ihr Titel weggelassen wird?

Wie sollte der Text eines Mailings aufgebaut sein?

Der Text sollte im Sprachstil der Empfänger verfasst sein und diese neugierig machen, ihn zu lesen. Das schaffen Sie, indem Sie den Adressaten in Ihr Schreiben einbeziehen und mit ihm und seinen Bedürfnissen beginnen. Welchen Bedarf hat er, den Sie mit Ihrem Angebot erfüllen können? Argumentieren Sie aus seiner Perspektive. Welche Vorteile hat er, wenn er Ihr Angebot annimmt? Sie schließen mit einer klaren Beschreibung dessen, was er tun muss, um Ihr Angebot anzunehmen (in Ihrer Zentrale anrufen, eine E-Mail schicken, ein Formular ausfüllen und an Sie faxen ...). Hilfreich können dabei das AIDA-Prinzip (Attention – Interest – Desire – Action) oder die Gleichung „Sie + ich = wir" sein.

Wie nutze ich das „PS" am besten?

Das post scriptum (lat: im Nachhinein Geschriebenes) wird auf jeden Fall gelesen – meistens noch vor dem Fließtext. Es sollte eine wichtige Zusatzinformation enthalten, die vom eigentlichen Inhalt Ihres Mailings abweicht.
Beispiel: Sie bewerben ein bestimmtes Produkt. Im PS kündigen Sie an, dass in zwei Monaten Ihr neuer Katalog erscheint.

Wann sollte ich Werbeprofis einschalten, um ein Mailing zu erstellen?

Sobald es hochwertig sein soll und Sie bereit sind, in Qualität und Überzeugungskraft zu investieren. Natürlich hat ein „Designermailing" größere Chancen, geöffnet und „erhört" zu werden – doch es hängt auch von Anlass und Zielgruppe ab, ob sich diese Investition lohnt. Möchten Sie zahlungskräftige und anspruchsvolle Kunden anschreiben, sind Grafiker und Texter gefragt. Besteht Ihre Zielgruppe aus finanzschwachen Einzelpersonen, könnte zu viel Hochglanz abschreckend wirken.

12. Unterwegs im world wide web: Internettexte

Unternehmer Frank Sparfuchs hat eine Bekannte. Und die kann Internetseiten machen, wie sie sagt. Die beiden vereinbaren, dass sie ihm zu besonders günstigen Konditionen eine Website erstellt. Und genau so sieht das schöpferische Produkt auch aus: Die „Internet-spezialistin" hat auf ein Baukastensystem zurückgegriffen – standardisierte, bereits gestaltete Einzelseiten, die sie nur noch farblich an das Sparfuchs-Firmenlogo angleicht und in die sie passende Fotos einsetzt. Und Texte – nämlich die aus einem gedruckten Flyer, den der Firmenchef ihr gegeben hat. Die Texte auf der Startseite hat die Frau in eine Grafik eingebunden, sodass sie nicht über Suchmaschinen gefunden werden können. Wir wünschen Herrn Sparfuchs viel Erfolg mit seiner Website.

Das Internet ist ein anderes Medium als z.B. eine gedruckte Broschüre, die der Interessierte durchblättern kann. Oft geschieht der Einstieg quer – jemand gibt einen Begriff ein und landet durch die Suchmaschinenliste auf einer untergeordneten Einzelseite. Oder er möchte gezielt nach bestimmten Informationen suchen und klickt mal hier, mal da. Aus diesem Grund müssen auch die Texte der Internetseite an dieses interaktive Medium angepasst sein. Worauf Sie beim Verfassen oder Beurteilen von Web-Texten achten sollten, das erfahren Sie in diesem Kapitel.

Warum benötige ich ein Konzept für die Texte unserer Internetseite?

Weil Menschen bestimmte Schlüsselbegriffe eingeben, wenn sie z.B. über eine Suchmaschine nach Informationen forschen. Denken Sie darüber nach: Was könnte jemand eingeben, der eine Firma oder eine Leistung wie Ihre finden möchte? Wie bauen Sie die Informationen am besten auf, damit jemand möglichst schnell das findet, was er sucht? Der Text sollte „editierbar" sein – er wird direkt in die Internetseite eingefügt, sodass die Suchmaschinen ihn finden können.

Was sind die häufigsten Fehler in der Informationsaufbereitung für Internetseiten?

Viele Internetseiten sind sehr unübersichtlich und ausschließlich aus der Perspektive der Betreiber aufgebaut. Wichtige Informationen sind kaum auffindbar – die Texte manchmal abstrakt oder schlichtweg unverständlich. Manchmal finden sich Links

zu verschiedenen Bereichen sowohl auf der linken Seite als auch an anderen Stellen (z.B. rechts, oben oder unten).
Passt diese Beschreibung auch auf Ihre Website, räumen Sie den „Link-Urwald“ unbedingt auf. Vielleicht lassen sich manche Punkte zusammenfassen oder untereinander ordnen. Die Informationen sollen möglichst nur auf zwei Ebenen strukturiert sein. Das bedeutet: Klickt jemand auf einen Link, öffnen sich nur einmal „Sublinks“.
Beispiel: Unter dem Menüpunkt „Über uns“ findet man die Unterpunkte „Leitung“, „Team“ und „Philosophie“. Diese werden nicht weiter aufgegliedert.

Sollen die Texte auf der Internetseite in erster Linie uns gefallen – oder unseren Besuchern?

Optimalerweise berücksichtigen sie beide Perspektiven. Die Texte sollten unbedingt so beschaffen sein, dass Sie und Ihre Mitarbeiter sich damit identifizieren. Denn die Internetseite sollte ja zu einem Stück die Realität in Ihrem Unternehmen spiegeln. Und die Texte sollten an Sprachstil und Informationsverhalten Ihrer Zielgruppe/n angepasst sein.

Wenn ich die Texte unseres Firmen-Flyers leicht abwandle, könnte ich sie dann in unsere Website einfügen?

Wenn Sie unbedingt und gegen anderen Rat vorhandene Inhalte übernehmen möchten, sollten Sie die Texte auf jeden Fall abwandeln. Es geht jedoch auch darum, dass die Internetseite andere, aktuellere und manchmal auch umfangreichere Informationen enthält als ein gedrucktes Medium.
Stellen Sie sich vor, jemand hält zuerst Ihren Flyer in Händen und besucht dann ganz neugierig Ihre Website. Steht dort „dasselbe in Grün“, macht sich Enttäuschung breit.
Versuchen Sie, gedanklich in die Köpfe Ihrer Zielgruppenmitglieder zu schlüpfen. Welche Informationen sind für diese Menschen wichtig? Wie müssten diese Informationen aufbereitet sein, damit sich Ihre Wunschkunden davon angesprochen fühlen? Welche Zusatzmöglichkeiten des Internets könnten Sie nutzen, um diese Zielgruppe für sich zu gewinnen?
Beispiele für Zusatzfunktionen sind z.B. das Einbinden von Audio- und Videodateien, ein Online-Shop oder die Option, sich zu Seminaren anzumelden und schon auf der Website zu sehen, inwieweit das Angebot ausgebucht ist.

Sollte ich möglichst umfangreiche Texte auf unsere Internetseite stellen?

Das Gegenteil ist der Fall. Versuchen Sie, sich pro Einzelseite auf höchstens 800 Anschläge einschließlich Leerzeichen zu beschränken. Muss der Besucher lange scrollen, um alle Informationen aufzunehmen, verliert er leicht das Interesse und verlässt Ihre Website. Wichtig sind neben den kurzen Fließtexten plakative bildhafte Überschriften, die Lust zum Weiterlesen machen. Sind die einzelnen Texte Ihrer Website zu lang, verteilen Sie sie auf mehrere Einzelseiten. Manchmal kann es auch sinnvoll sein, zunächst einen kurzen Text zu schreiben und die Möglichkeit zu bieten, per Mausklick eine ausführliche Variante zu lesen.

Wie weit darf ich mich von Texten anderer Anbieter „inspirieren" lassen?

Nur insofern, dass Sie z.B. ähnliche Inhalte kommunizieren. Das Übernehmen kompletter Texte ist gesetzeswidrig und kann Sie eine Menge Geld kosten.
Doch Sie wollen sich doch positiv von Ihren Wettbewerbern abheben, oder? Würden Sie deren Internetseite „abkupfern", machen Sie es potenziellen Kunden schwer, sich für Sie zu entscheiden. Versuchen Sie, in Ihren Internettexten speziell die Besonderheiten und Vorteile Ihrer Firma zu übermitteln.

Wie wichtig ist die Startseite unseres Online-Auftritts?

Abgesehen davon, dass es durch die Suchmaschinen auch Quereinsteiger in Unterseiten Ihres Internetauftritts gibt: Die Startseite dient dazu, Personen kurz darüber zu informieren, mit welcher Art von Firma sie es zu tun haben. Manche Unternehmen binden lange Animationen ein, die vielleicht beim ersten Besuch witzig sind. Klickt jemand öfter auf die Internetseite, kann dieser Vorspann ihm auf die Nerven gehen – wie ein endlos langer Text auf einem Anrufbeantworter. Haben Sie eine solche Animation, sollten Sie die Möglichkeit anbieten, dieses „Intro" durch einen Mausklick zu überspringen.

Ich bin Einzelkämpfer/in. Ist es auf der Website besser, „ich" oder „wir" zu schreiben?

Auf viele Entscheidungsträger in Firmen wirkt es vertrauenerweckender, wenn er es mit mehreren Personen zu tun hat. Haben Sie vielleicht Netzwerkpartner, die Sie in Ihr Team aufnehmen könnten (und umgekehrt)? Viele Freiberufler lösen das Problem auf diese Weise: Jeder ist freier Mitarbeiter des anderen und taucht auf der Website auf. Oder haben Sie eine Telefondame, die manchmal Ihre Anrufe annimmt? Auch sie könnte als Mitarbeiterin aufgeführt werden.
Worauf Sie jedoch achten sollten: Wenn Sie als Firma mit mehreren Personen auftreten, sollte Ihr Telefon immer besetzt sein. Denn sonst wirkt die „Show" unglaubwürdig.

Sollte ich als Firmenchef meinen gesamten Lebenslauf auf der Website veröffentlichen, um die Kompetenz unseres Unternehmens zu zeigen?

Es könnte merkwürdig wirken, wenn der oberste Chef seinen Lebenslauf frei zugänglich veröffentlicht. Kompetenz wird Ihnen ohnehin unterstellt. Und möchte jemand Sie persönlich engagieren, können Sie ihm Ihr Profil immer noch zuschicken.

Wie wichtig sind Fotos – z.B. des Teams?

Gegenfrage: Worauf klicken Sie als erstes oder relativ schnell, wenn Sie z.B. ein Trainings- oder Beratungsunternehmen suchen? Viele Menschen schauen sich erst einmal die Gesichter der Personen an, die dort im Internet Leistungen anbieten. Gute Fotos, die die Abgebildeten kompetent und sympathisch zeigen, geben zumindest im Dienstleistungssektor und bei personenbezogenen Leistungen den Ausschlag, sich mit dem Anbieter in Verbindung zu setzen.

Müssen wir das ganze Team auf der Website abbilden?

Es kommt darauf an, wie viele Personen Ihr Team umfasst und welche Rolle diese Personen im Kundenkontakt spielen. Auf jeden Fall abgebildet werden sollten die Geschäftsleitung und die Führungskräfte. Auch Menschen, die oft Telefonate annehmen (z.B. Mitarbeiter in der Zentrale), könnten mit Fotos gezeigt werden. Der Besucher Ihrer Website hat so das Gefühl, persönlich begrüßt zu werden. Ist Ihr Team sehr groß, könnten Sie ein Gruppenfoto veröffentlichen. Dann fällt es auch nur wenig auf, wenn Mitarbeiter ausscheiden und neue hinzukommen.

Worauf muss ich bei den Einzelfotos achten?

Am besten wäre es natürlich, wenn ein Profifotograf die Bilder erstellt. Sollten Sie einen anderen Weg wählen, geben Sie Ihren Teammitgliedern bitte den Bildausschnitt, den Hintergrund und die Blickrichtung vor. Am persönlichsten wirkt es, wenn alle freundlich direkt in die Kamera schauen.

Wie oft sollten wir unsere Internetseite aktualisieren?

Einmal in der Woche wäre schön, auch wenn die Autorin zugibt, dies selbst zuweilen auf die lange Bank zu schieben. Haben Sie eine Funktion eingebaut, die zeigt, wann die letzte Aktualisierung war, ist noch mehr Disziplin gefragt. Eine Website, an der vor einem halben Jahr das letzte Mal gearbeitet wurde, wirkt uninteressant – wie Schnee von gestern.